「反日」包囲網がアベノミクスを壊す

トクアノミクスの正体

西村幸祐
NISHIMURA KOHYU

BUNGEISHA

はじめに

　橋下徹大阪市長の慰安婦に関する発言が大騒ぎになった。しかも米国にまで飛び火して、米国視察を予定していた橋下市長はその計画を取りやめてしまった。不思議なことに、それと相前後して、アベノミクスによる円高是正と日経平均の株価の上昇がストップし、一万五千円を超えていた日経平均は大きく下落して、乱高下を繰り返している。

　すかさず、「アベノミクスのバブルは崩壊した」などと騒ぎたてるメディアが、満を持して安倍政権の批判を始めた。この一見関係ない二つの出来事が、じつは、大きく関係して現在の日本にとってのアキレス腱を分かりやすく教えてくれている。橋下大阪市長の慰安婦発言による騒動も、上昇が止まった日経平均株価の乱高下も、両者に共通しているのは、無用な空騒ぎが原因なっていることである。

　橋下市長が記者会見で語った言葉がどのように国内外に報道され、それがどのような反応を喚んだかということを客観的に冷静に見れば、いかに馬鹿馬鹿しい騒ぎだったのかがよく分かる。じつは、慰安婦問題の本質はそこにあるからである。特に国際的な規模で情報がロンダリングされる、一種の国際謀略に慰安婦問題の本質が横たわっている。

情報ロンダリングは二つのケースがある。一つはメディア間で情報が取り交わされる内に、自然と情報が変化して行くケースで、これは伝言ゲームでお分かりだろう。二つ目は、情報回路の中で恣意的に情報が変化させられるケースで、しばしばプロパガンダに使われる悪質な情報ロンダリングである。

朝日新聞が五月十七日に報じた《米政府「言語道断で侮辱的」 橋下氏発言を厳しく非難》という記事で、朝日は二つの事実の改変、もしくは捏造を行った。これは、五月十六日の米国国務省の記者会見を伝える記事なのだが、まず、記事の中ほどにある《橋下氏は六月に訪米を予定しているが、当局者は「橋下氏のこうした発言を踏まえると、面会したいと思う人がいるかはわからない」とも述べ、要人と会談はできないとの認識を示した》という記述の信憑性がゼロなのである。実際の記者会見では、米国務省のサキ報道官は全くそのようなことを発言していない。

おまけに朝日は電子版で《橋下氏発言を非難する米政府当局者のコメント（全文）》

(http://www.asahi.com/international/update/0516/TKY201305160461.html?ref=com_rnavi_srank)を掲載し、《橋下市長は米国訪問を計画しているそうだが、こうした発言を踏まえると、面会したいと思う人がいるかどうかはわからない》という報道官の言葉を引用している。しかし、この言葉がサキ報道官から発せられた記録は米国務省の記者会見のページに存在しない。実際に会見の動画(http://video.state.gov/en/video/2387449779001)を見ても朝日に掲載された記者とのやり取りはないのである。

つまり架空の記者会見をデッチ上げて、橋下市長を貶める会見内容に粉飾していたのだ。この会見で実際にやり取りがあった朝日の最後の質問は、大島隆特派員が米政府に「慰安婦と呼ぶのか、性奴隷と説明するのかどちらですか」と訊くシーンだ。

サキ報道官は「(米政府が)定義をするかどうか分からないし、従来通り慰安婦と説明します。あなた方(朝日)が細かく考えた性奴隷と言ってほしいんでしょ」と答えたのである。

もし報道官が「性奴隷という言葉で説明する」と答えていたら、朝日の一面トップで「米政府　慰安婦を性奴隷と認定」などという大見出しが躍っていたであろう。しかし、期待通りの答えを引き出せなかったので、橋下市長に面会したいと思う人がいるかどうかはわからない、という架空の質疑内容を掲載したのではないだろうか。

そもそもこの騒ぎは、五月十三日に橋下市長が長い会見の中で「慰安婦、必要だった」と言った部分だけをメディアが大きく取り上げたことが発端だった。ほとんど河野談話と同じなような内容を話した橋下氏が血祭りにあげられたのは皮肉と言うしかない。河野談話が命と思っているメディアが橋下批判を繰り広げたのは滑稽でもある。

しかし、滑稽でないのは、橋下市長が「慰安婦、必要だった」と言った「慰安婦」という言葉が、AP通信などで sex slave「性奴隷」に置き換えられ、「性奴隷、必要だった」と世界中に配信されたことである。朝日は「従軍慰安婦」という言葉がすでに歴史的に否定され使用できなくなったので、どうしても「性奴隷」という言葉を使いたいのだ。

橋下氏はAP通信を虚偽報道で提訴し、橋下氏の人権侵害と名誉毀損を訴えるべきなのである。もし、裁判になれば、「慰安婦」という戦地娼婦の人権に配慮した日本人独特のニュアンスで優しく表現した言葉が、いかに「性奴隷」という奴隷制度を持っていた国や民族にとってのおぞましい言葉に置換されたのかという事実関係も明かされるかもしれない。

このように、慰安婦問題は捏造の中から生まれ、捏造で増殖され、捏造と虚像に収斂する空騒ぎなのである。

株価の乱高下と異常な円高是正にブレーキがかかったことに関しても同じである。アベノミクスは、まだ端緒に就いたに過ぎず、株価は調整の局面に入り、為替レートも他の可変要因で微妙に変化するのは当然だ。問題は半年から一年を経た状況で、株価の推移や為替の変化を客観的に分析し、初めてアベノミクスへの評価が定まるのに、そんな当たり前の前提を吹っ飛ばして、反安倍勢力が空騒ぎすることにある。

慰安婦問題とアベノミクスにどんな関係があるのか、と訝《いぶか》る読者も多いだろう。じつは本書は、そんな方々に向けて書かれたものだ。経済政策であるアベノミクスに歴史問題がどう関係あるのか。また、日本の危機の本当のところはどこにあるのか。アベノミクスと外交・安全保障はどう関わっているのか。これからの日本はどうなって行くのか。そんな疑問の全てにお答えできたかどうかは読者の判断に委ねたい。

ただ、アベノミクスは強大な敵に囲まれ、四苦八苦しているが、それを乗り越えて初めて日本の再生があるということを理解して頂ければ幸いである。

平成二十五年六月吉日

西村幸祐

「反日」包囲網がアベノミクスを壊す◎目次

トクアノミクスの正体

第2章　トクアノミクスの正体——77

第3章　アベノミクスがトクアノミクスに勝つとき——143

第1章　誰でも分かる、アベノミクスのすごさ

アベノミクスの快進撃

長らく低空飛行を続けていた日本経済は、平成二十四年（二〇一二）の安倍新政権発足とともにようやく重い機首を上げ、脱デフレに向かって大きく舵をきった。

民主党政権時代、一時七〇〇〇円台まで急落した株価は、昨年十二月二十六日に第二次安倍政権が発足するやいなや一万円台を回復し、今年三月五日にはリーマンショック後の高値（一万一六八三円）を四年五か月ぶりに更新した。

その後四月四日には黒田新日銀総裁の〈黒田バズーカ砲〉の炸裂で、ついに一万三千円を突破した。さらに、ゴールデンウイーク明けの五月七日には、取引時間中としては二〇〇八年六月二十日以来、約四年十一カ月ぶりに一万四〇〇〇円を回復し、なおも上昇を続けていた。

そして、異常な円高はまるで神の手に掛かったかのように是正され、一〇〇円台まで下落したのである。いうまでもなく、その原動力となっているのが「アベノミクス」である。

そして、ついに五月十五日、日経平均は終値で一万五〇九六円〇三銭と、二〇〇七年十二月二十八日以来、約五年四カ月ぶりに一万五〇〇〇円台に乗せた。

そもそも「アベノミクス」とは、

・量的緩和を中心とした「金融緩和」
・列島強靭化に代表される「財政出動」
・各分野の産業政策で具体化される「成長戦略」

これら〈三本の矢〉でデフレを脱却しようという経済政策で、まずは金融緩和でマネタリーベースを拡大し、財政出動で需要を拡大、あとは成長戦略で継続的に経済を発展させていこうというものだ。いま、ようやく〈第一の矢〉が放たれた段階だが、〈黒田ショック〉とも言われる異次元金融緩和のサプライズも手伝って、マーケットに予想を超えた効果をもたらしている。すでに世界中から「アベノミクス」を絶賛する声が上がっており、「株価は二万円まで上昇する」「為替目標は一五〇円」などの楽観論すら聞こえてくるのである。

それはともかく、気になるのはこの「アベノミクス」の強さである。この強さは果たしてホンモノなのか？　すでに懐疑派や「アベノミクス」を快く思っていない一部のサヨク勢力や反日メディアは、「日本は為替操作をしている」「いまにバブルが崩壊する」と牽制を始めているが、注目したいのは、今回のこの「アベノミクス」の一連の動きが、実際に発動する前の、まだ一本の矢も放っていない段階から、もっと正確にいえば、昨年十一月の党首討論で嘘つき呼ばわりされた野田佳彦前首相が解散を約束し、民主党政権が終わりを告げたときから、始まっている点である。「自民党にはどうやらアベノミクスというものがあるらしい」と噂の段階から市場が反応しているのである。

なるほど、マーケットは半年先を反映するもの、「政権交代への期待感」や「いままでが悪すぎた」という気持ちを織り込んだに過ぎないものかもしれない。だが、改めて現在進行形の「アベノミクス」を見たとき、いま世界で日本が置かれている状況の中で「アベノミクス」について考えたとき、はっきりしてくるものがある。

それは、経済面だけが注目されているが、「どうも、それだけではないのでは？」という期待感だ。つまり、「アベノミクス」は単なる経済政策に止まらず、裏に秘められた国家の安全保障、外交の基本方針、ひいては国家の在り方を問う壮大な構想までが見えてくるのである。

レーガノミクスとアベノミクス

「アベノミクス」という言葉が使われ出したのは、いつからだろう？　「安倍晋三の秘書の一人がつけた」、「中川秀直が名づけ親」など諸説あるが、昨年十一月十六日の衆議院解散後、選挙期間中から頻繁に話題に上るようになり、一九八〇年代の「レーガノミクス」になぞらえて、最初は揶揄的な意味で使われていたはずだ。朝日新聞などの反日メディアがそもそもの起源という説もあるくらいなので、揶揄的に使われていたのは間違いない。なぜ揶揄的かといえば、「レーガノミクス」が多くの学者から「失敗策」と位置づけられていた一面もあったからである。

「レーガノミクス」は一九八〇年代、アメリカ大統領、ロナルド・レーガンがとった経済政策で、構造改革や金融緩和でインフレ抑制を狙ったもので、デフレ脱却を目指す「アベノミクス」とはまったく逆の性格である。歳出削減と減税で小さな政府を徹底して追求する一方、軍備拡大路線が内需を圧迫して、結果的に双子の赤字を抱える形となってしまった。

そういう意味では、「レーガノミクス」は失敗だったかもしれない。だが、失敗と歴史的に位置づけるには、経済政策だけを切り取るのではなく、その国がそのとき置かれていた状況を考慮しなくては片手落ちだ。なぜそういう政策をとったのか？　レーガンが無能だったからなのだろうか？

いや、そうではない。当時は冷戦真っ只中にあり、ソ連が東ドイツに核弾頭搭載可能な中距離弾道ミサイル、SS20を配備するという過酷な緊張下にあった。東側陣営に対抗するための軍事支出の増大はやむを得ない選択であり、ちょうどその頃、同時期に政権を担っていたイギリスのサッチャー（サッチャーが断行した教育改革は日本人も見習うべきことが多いが、この点については後述する）と呼応して、東西冷戦を終結に導いていく――後に米国の歴史学者フランシス・フクヤマが『歴史の終わり』で記したように、「資本主義が共産主義に勝つ」という、大きな歴史的役割があったのである。

同じことが「アベノミクス」にも言えるのではないだろうか。ロケットスタートで経済面ばかりが脚光を浴びているが、「アベノミクス」の持つ多義性と内含力に、もっと多くの人は目を向けなければならない。

じつは、安倍首相は、すでに今年一月二十八日の所信表明演説で、「アベノミクス」を解き明かすヒントともいうべき言葉を投げかけている。

「この演説をお聴きの一人ひとりの国民へ訴えます。何よりも、自らへの誇りと自信を取り戻そうではありませんか。私たちも、そして日本も、日々、自らの中に眠っている新しい力を見出して、これからも成長していくことができるはずです。今ここにある危機を突破し、未来を切り拓いていく覚悟をともに分かち合おうではありませんか。

〝強い日本〟を創るのは、他の誰でもありません。私たち自身です」

「日本を、取り戻す。」――前回の衆院選のスローガンにもなった「取り戻す」という何気ない言葉に、とてつもなく大きな意味が内包されているのである。

「安倍維新」を読み取れない日本のメディア

そういう点に、日本のマスメディアはいっさい触れない。いま、日本で大きなうねりが起きようとしているときに、その裏にある本質と安倍首相の意図をまったく汲み取ろうとしない。それは、「取り戻す」という言葉があまりにもありふれていて心に引っかからないからではない。それを、メディアがまったく読み取れないのである。

そんな中で、端的に〈日本の変革〉を指摘する記事が、なんと、台湾から発信された。以下は、三月三日の台湾紙最大手の「自由時報」に掲載された王美琇（ワン・メイシュウ）氏の《「安倍維新」は、ただちに日本の歴史を書き換える》というタイトルの論文である。王美琇女史は若手の国際問題研究家として注目される台湾人女性だが、歴史感覚の把握力が非常にあり、旧態依然とした日本人の専門家にはない柔軟な視点から第二次安倍政権を長い歴史レンジの中に置いて評価している。

朝日新聞やNHKの硬直したサヨク脳は少しでもこの台湾人女性を見習った方がいい。

《「安倍維新」は、ただちに日本の歴史を書き換える

２０１３年3月3日

私が政治家を志すのは他ならぬ、人民が自信を持ち、誇りを持つことができる国を作るためだ――日本首相安倍晋三。

安倍晋三はまさに日本の歴史を書き改めようとしている。この情熱と能力を持つ政治家は、日本の景気が低迷しはじめて二十年目に、身を挺して再び首相の座に就き、天地をもひっくり返す大改革を展開し、日本を経済の谷底から引き上げ、国家の命運を転換させ始めた。

安倍の指導下で日本は、まさに出航のために風を待つ大船のようだ。彼は国内では大改革を始動させ、東南アジア、米国へと舵を切り、その後米国のシンクタンクで「Japan is back!」との演説を行い、かつてマッカーサー将軍がフィリピンで「I shall return!」と発したように、全世界に向けて日本再興への力強い気迫を見せた。

安倍維新は国民の自信を唱導する

人によっては今回の安倍の経済改革を「安倍経済学」と呼ぶが、私はむしろ安倍が導入する大改革は経済面だけでなく、日本の全面的革新を目指す維新運動であると見ており、「安倍維新」と呼びたい。そしてそれは必ず成功すると見ている。安倍の維新運動を観察すると、実際に非常に重要な部分は、メディアには重視されることのない日本人への精神的な激励、気配り、鼓舞で日本人に大きな自信と希望をもたらそうとしていることだ。たんに大胆な金融政策によって消沈する経済を回復させるだけにとどまらず、日本人に再び日本の誇りを取り戻させることに心を砕いていることこそが、人々を真に感動させているのである。

日本の国家的大変化には三つの重要な時期がある。一つ目は明治維新で、日本を近代文明国家へと導いた。二つ目は第二次大戦後で、日本は廃墟となったばかりか、軍国主義の拡張、侵略のため、日本人は罪悪感に見舞われ、自信を喪失し、経済の発展に全力を傾注し、日本を世界第二の経済体へと押し上げたものの、国民の誇りと自信は完全には回復されなかった。一部の評論家は「戦後日本は金儲けだけの商人国家となった」と評し、国際政治の面では完全に影響力を失った。

これが安倍とすべての自尊心ある日本人の心理面における最大の痛みだ。そこで今回安倍は再び自民党を引っ張って選挙に臨み、釣魚台（尖閣諸島）争議も相俟って、「尊厳ある日本」のスローガンを打ち出した。日本はこれ以上衰退し、そして忍耐し続けてはならず、必ず日本人の誇りと自信を取り戻すべきだと考えたのだ。安倍は多くの日本人の心を適確に刺激し、選挙で大勝した。そして首相に就任し、国家の大改造を発動したのである。

これは日本の二十年に及ぶ衰退後、初めての快進撃となった。私は安倍が日本に第三の重大な国家改変をもたらすと見ており、そこで「安倍維新」と呼んでいる。

クルーグマンは安倍の経済改革を評価

前回安倍は一年で首相を退任した後、毎日日記で自分自身を検証するとともに、日本の未来を考え続けた。そのため今回は準備が整っている。彼は「強い日本の再建」との大戦略を打ち出した。そこには経済再建、外交と安全保障、震災復興、教育改革等、多方面における戦略目標が掲げられている。最も注目を集めているのが、無制限に札を刷る金融緩和政策で、これには日本人や全世界が唖然として見ている。

安倍は、長期間の通貨収縮や円高が「努力すれば報われる」との社会信用の基礎を根元から揺るがしていると考えている。「政府がいかに財政収入を分配しようと、持続的経済成長がもたらす富を通じなければ、経済は全体的に縮小する。このままでは各人がたとえ努力しようと、収入は減る一方だ。人々の安心感を支える社会安全体制は崩れる可能性が出てくる」と言っている。そして「三つの矢」を始動させた。すなわち大胆な金融政策、機動的な財政政策、民間投資を喚起する成長戦略で、日本経済の再生促進に全力を傾けている。

目下のところ安倍は成功を収めているようだ。ノーベル賞受賞者である経済学者のクルーグマンも安倍の経済改革を評価し、「長期的衰退からの脱却は困難だ。なぜなら主に為政者に大胆な措置を理解させるのは困難だからだ。これは政治と思想の問題であり、厳格な意味での経済問題ではない」と指摘する。クルーグマンは「安倍の大胆な政策はすでに誤った正統派経済学と決別しようとしている。もし安倍が成功すれば重大なことが生じる。経済停滞の先駆者である日本が、我々に停滞からの脱却方法を教えることになるだろう」

と見ている。

国家への愛が改革の原動力

　成功した国家指導者、時代を変えて世の中を動かす指導者は、強い情熱を持ち、カリスマ性、指導力、決断力を兼ね備えているからこそ、一人の力を集団の力へと変え、国家の命運を変え、そして抑えきれない巨大な波を作り出す。いったい安倍の膽識、気迫、決断力はどこから来るのか。もし彼の伝記を読むなら、その改革の原動力の背景に、彼の血肉、精神があるのを容易に見出すことができるだろう。

　それに読めば、彼の日本に対する強烈な国家愛、郷土愛に深い感動を禁じ得ない。そしてそれこそが、偉大な政治家の起点になっているのだと思う。「自分が生まれ育った土地への思いはどこから来るのか。それは土地の歴史、伝統、そして文化への愛着からのものだ」「所謂『国』とは『統治機構』ではなく、悠久の歴史と日本の土地、風俗のことだ。そこには我々が愛する自然、祖先があり、家族がおり、なじみのコミュニティーがある。この国を守るというのは、自分の家を守ることであり、自分の存在を記録する歴史を守ることだ」と言っている。

これが安倍の最も重要な情感の根源であり原動力だ。彼の日本に対する強大な熱情と使命感、改革への決心と迫力が、官僚システム全体と国民に自信を与え、共に国家の未来のために奮起させるのだ。

安倍は国会演説の最後に「我々は自身の誇りと自信を取り戻そう。私達も日本も日々において、自らの中で眠る新しい力を見出すことができるはずだ。共に危機を突破し、未来を切り開く決意をしよう。強く力ある日本を創建するのは他でもない、私たち自身だ」と述べた。

「日本の国のためなら、私の命が枯れてもかまわない」というのが安倍晋三の豪情壮志というものだ。だから私は「安倍維新」は必ず成功すると思っている。そこで台湾を振り返ろう。安倍にはあるものは馬英九には全くない。民進党の蘇貞昌、蔡英文などトップを争う人々も、冷静に安倍に学ばなければならないだろう。》(「自由時報」二〇一三年三月三日付)

自由時報は、台湾で最も発行部数が多く、唯一、支那の資本が入っていない独立系で、親日的なスタンスをとっているメディアである。長い引用になったが、安倍政権に期待する、世界で最高の親日国家で、最も日本に近い隣国である台湾の熱気を感じてもらいたい。日本のメディアが報道しないのだからなおさらである。

「安倍維新とは、なにを大袈裟な……」

この記事を読む専門家やメディアは、鼻で笑うかもしれない。だが、彼女の主張は決して大袈裟なものではない。象徴的なのは、このような記事が国内でなく、外国から出てくるということである。おまけに《日本人の心を鼓舞することによって、大きな自信を回復させようという、そういう性格のものにもかかわらず、日本のメディアは無視する》と日本のメディアへの痛烈な批判まである。

旧体制に囚われている日本人、とくに戦後メディアはどうしても主語が明確でなく、第三者的な立場をとる性格があるので、たとえ素晴らしい出来事が起きても、このように全面的に賛同するような文章をまったく書くことができない。

それればかりか、事実を読み取れていないのではないかという危惧さえ感じる。戦後の経済復興をなし得た今も、依然として「罪悪感や失った誇り」を回復していないという認識すら、日本のメディアは持ち得ていない。

外側から客観的な立場で日本を見ているからこそ、この様な記事が書けるのであって、逆に自分の足元も見えないのかと思うと、日本人として恥ずかしい限りだ。

日本破綻論は真っ赤なウソ

前述したように、「アベノミクス」は「金融緩和」「財政出動」「成長戦略」の三本の矢でデフレを脱却しようという経済政策であるが、不思議なことに、この二十年間、政治家から「脱デフレ」という言葉自体、ほとんど出てこなかった。一時、麻生内閣で触れられたことがあったが、それ以外、皆無である。

その間、日銀は中途半端な金融緩和を続けるだけで、まったく効果が発揮されなかった。その重しとなった原因のひとつが、「国の借金」問題である。

日本の借金九八三兆二九五〇億円（二〇一二年十一月九日財務省発表）——はなおも増

え続けており、「このままでは日本は破綻する」とメディアに煽られて、大胆な金融緩和ができなかったわけである。

ところが、ここ二、三年で、この「日本破綻論」が真っ赤なウソであることがようやく多くの国民に分かり始めてきた。それには、三橋貴明、上念司、渡辺哲也、倉山満ら若手評論家たちの存在が一役買っている。彼らが情報発信するのはネットである。ネットで自由に持論を展開することにより、バイアスのかかった既存メディアの偏向報道に騙されない人が増え、一般国民のリテラシー能力を高めるのに、非常に貢献している。奇妙な話だが、日経新聞を読んでいる人よりも、ネットで情報を得ている人たちのほうが、正しく経済を分析できる能力が高まってしまっているのである。

事実、昨年の衆院選でも、朝日新聞、毎日新聞、日経新聞、読売新聞と、産経を除くほぼすべてのメディアが、自民党の選挙公約のひとつである経済政策を「国の借金はどうなる?」「バラマキだ」と激しく批判してネガティブキャンペーンを張ったにもかかわらず、有権者にはまったく効かなかった。おそらく、そういうものも「アベノミクス」をオーソライズしていくうえで、大きな補強材料になっているといえるだろう。

話を具体例に戻そう。ここに挙げるのは、二〇一二年二月十一日の日経新聞の記事である。

《財務省は10日、国債や国の借入金を合わせた国の借金が２０１１年12月末時点で過去最大の９５８兆６３８５億円になったと発表した。今年１月現在の日本の総人口１億２７７３万人で割ると、国民一人当たり約７５０万円の借金を抱えている計算になる》

しかし、この記事にはこんな続きがある。

《２０１２年度末の国の借金は１０８５兆５０７２億円に膨らむ見込み。国の予算は２００９年度以降、新規の国債発行額が税収を上回る状態が続いている》

つまり、借金が雪だるま式に膨らんでいって、いつ破産してもおかしくない状態に日本が陥っていると、経済メディアとしては日本人の間で最も信用されているといわれる、しかも価格も高い日本経済新聞が述べているが、これは一部分を切り取って国民の恐怖を煽る印象操作に過ぎない。日本人が一人七五〇万円の借金を抱えているなど、デタラメもいいとこである。

なぜなのか？　国債は国の借金と言われている。

しかし、日本政府が国民からお金を借りるために発行している債権を国債というわけなので、日本政府は債務者で国民は債権者となる。さらに国債は政府にとっては負債だが、お金を貸している国民にとっては資産になるのである。

こんな当たり前の原則が説明されないで、国の借金と大騒ぎしているのが実情だった。「ギリシャの次は日本だ」と日本の国家破綻論まで登場した。

アメリカの財政破綻の問題は、国債を外国が買っているという点で、日本とは性格がまったく違う。またギリシャ、イタリア、スペインといった危機に瀕しているユーロ諸国も、国債の大部分が外国によって保有されている。そういう意味で、日本の負債のあり方は特殊であり、そこをきちんと理解していれば、破産などするはずないことがよく分かるだろう。

天下の大新聞が、なぜ一部の情報だけを恣意的に報道して日本経済の実態を明らかにしないのか?　そう考えると、どうも日本人のために報道しているとは思えない。日本にメリットになる情報を伝えたくない、日本が破産しないと困る勢力がいるのではないかとさえ思ってしまう。日本経済が悪いままで円高が続けば、得するのは当然、韓国であり支那である。つまり、こうした報道そのものが、じつは支那や韓国に有利に働いているわけで、それは、安倍政権発足当初から盛んに批判していたのが、人民日報であり韓国の各新聞、及び朝日新聞、毎日新聞、中日新聞だったことにも符合する。

この種の経済ニュースの断片一つからでも、こうした事実が読み取れる。「トクアノミクス」――特定アジアとそれに加担する勢力の複合体をそう名づけたのだが、「アベノミクス」を成功させるためには、それ潰そうとする勢力の存在を、いま冷静に、客観的に分析する必要がある。

増税より名目GDPに注目すべき

もう一つ、財政再建に関しても、怪しげな問題がある。民主党の野田佳彦前首相は、マニフェストには「命を賭け」ず、代わりに「社会保障と税の一体改革」で消費増税に「命を賭け」たが、この「増税すれば、財政再建ができる」という図式もかなり胡散臭い。

これは前述した「政府の負債」にも繋がることだが、税率を上げたからといって必ずしも税収が増えるとは限らないと指摘する評論家は多い。

《景気が悪いときに増税すると、人々の可処分所得が減り、物が売れなくなります。物が売れなければ景気が悪化し、結果的に名目ＧＤＰの成長率は低くなる。そうすると、税収は増えるどころかかえってマイナスになってしまうので、すべての源は名目ＧＤＰだという原則を絶対に考えなければならない》（上念司著『デフレと円高の何が「悪」か』光文社新書）

つまり、税収を増やすにはまず名目ＧＤＰを考えるべきなのに、そこには触れもせず、野田元首相は短絡的に増税へと踏み切った。それも「社会保障と税の一体改革」と、国民の不安が大きい「社会保障」をわざわざ前置きするあたり、増税ありきのシナリオが書かれていたと疑わざるを得ない。

驚くべきことに、この日本のデフレの二十年を見渡すと、『幻の黄金時代』（拙著・祥伝社）と私が名づけた八〇年代が終わった九〇年代前半から、名目ＧＤＰの成長率は小泉内閣を除いて、ほぼマイナスなのである。二十年もの間、名目ＧＤＰの成長率がプラスに転換しない国などあり得ないわけで、「バブル崩壊の後遺症」というのも国民の目を逸らす口実に過ぎないだろう。となると、なにか別のメカニズムが働き、日本を成長させたくない、ＧＤＰを増やさせない政策が行われてきたということになる。時を同じくして、一九八九年から日米構造協議が始まっていることも無視できない事実である。

ちなみに、増税によって税収が減った典型的な例は、一九九七年に橋本龍太郎内閣が行った消費増税で、税率を三％から五％に引き上げたことで五四兆円あった税収は四九兆円にまで落ち込み、いまに至るまで引き上げ前の税収を上回ったことは一度もない。

「アベノミクス」の問題点

好調なスタートをきった「アベノミクス」だが、課題がないわけではない。その一つがタイムラグの問題だ。金融緩和で円は安くなり株は上がったが、経済効果が見えてくるのはいつになるのか。具体的に、雇用促進や昇給という形でわれわれの生活に反映されるまで、どれだけ時間がかかるのか。実際、株価が天井知らずで上昇を続けていた今年四月までにも、牛丼が一〇〇円値下げされ、依然、デフレ下と状況は変わっていないものもある。

また、給与が上昇するまえに、物価が上昇してしまう懸念もある。現在、異次元金融緩和による「黒田ショック」でさらなる円安が進行中だが、恩恵を受ける輸出産業とは逆に、輸入品は高くなる。私は個人的に、一ドルは一二〇円あたりが適正ではないかと考えているが、四月から値上げされた小麦などの食料品の価格がさらに上昇すると予想される。

円安による原油価格の上昇も深刻である。福島第一原発事故による原発の稼働停止で、原油の輸入量が拡大し、一九八〇年の第二次石油危機以来、三十一年ぶりに貿易赤字を記録した。しかも、すでに日本の電力に占める火力発電の割合は九〇％に達しており、今後輸入量は横ばいと推測されるが、いっそう円安が進めば、赤字額を拡大し、日本経済を圧迫しかねない。

と、ここまで、円安による物価上昇とタイムラグの問題について述べたが、もう一つ、不安視されることとして心理面の危惧がある。「アベノミクス」では、年二％のインフレターゲットを設定しており、順調にデフレ脱却が進めば、それに近い数字で物価が上昇する。そのとき、二十年間も物価が上がらない、むしろ下落してきた状態に慣れてしまった日本人が、事態をうまくやり過ごすことができるか。物価上昇に戸惑う消費者の不安を煽って、反対勢力からまた「日本は破産する」「借金大国だ」とデマが出る可能性もある。

三月に自民党が特措法でいちはやく「消費税還元セール禁止」を閣議決定し、五月に消費税転嫁法まで制定したのは、増税分を円滑に価格に転嫁すると同時に、消費者マインドの脱デフレにも有効に働くかもしれない。

重要な二〇二〇年東京オリンピック招致

「アベノミクス」の第二の矢である財政出動は、昨年の選挙でも自民党が公約に掲げた「列島強靭化計画」が基本路線になっている。十年で二〇〇兆円を投入し、公共事業に充てる計画で、その第一弾として、二〇一二年の補正予算と新年度の当初予算を合わせて七・七兆円が計上された。だが、問題は何にお金をかけるかである。

昨年十二月に死者九名を出した「笹子トンネル天井崩落事故」をはじめ、このところ首都高や新幹線でコンクリートが落下する事故が頻発している。これらインフラの多くは一九六四年の東京オリンピックに合わせて作られたもので、あれから五十年も経てばコンクリートは劣化し、ひび割れや鉄筋の錆びつきは深刻な状態だ。家やマンション同様、インフラにも耐用年数があり、老朽化したインフラの再整備が急務となっている。

つまり、全国規模でのインフラ再整備が求められるわけで、ここで二〇二〇年の東京オリンピック招致というのがもの凄く重要な意味を持ってくるのである。戦後復興に一丸となって突き進んだあの時の底知れぬパワーが、日本の立て直しを図るうえで、非常に大きな力となるに違いない。

もちろん、二十世紀のインフラと違い、二十一世紀ではインフラの質も違ってきている。コンクリートだけでなく、二十世紀末から進めている光ファイバーの敷設などの情報インフラや、ソフトウェアのインフラといった部分まで、先を見据えた取り組みが必要だろう。今年九月のIOC総会で東京招致が決定すれば、勢いはますます加速する。

今年三月、視察に来たIOC評価委員への歓迎スピーチで、安倍首相は突然、次のように歌い出した。

「より速く、より高く、より強く〜」

決してうまいとは言えない歌声だったが、その声に「海をこえて友よきたれ」のフレーズが、脳裏に蘇った団塊の世代以上の人もいたかもしれない。この歌は、昭和三十九年(一九六四)に開催された東京オリンピック開会式で電光掲示板に流れたものだった。

あまり知られていないが、現在、韓国が行っている二〇二〇年東京五輪不招致運動という奇怪な動きがある。多くの人が驚くだろうが、冒頭述べた韓国人の行動様式を理解していればさほど驚くにはあたらない。なぜなら、韓国のそんな馬鹿げた行動メカニズムにどう対処すればいいか想定できるからだ。

サーチナというWEBメディアが四月五日に《「反韓デモの日本は五輪の資格なし」バンクがIOCなどに書簡送付》という記事を配信した。《韓国のサイバー外交使節団・VANK(バンク)が5日、日本では反韓デモが行われており、オリンピック誘致の資格はないとの書簡を国際オリンピック委員会(IOC)などに送付した》と《複数の韓国メディアが報じた》とし、《韓国メディアは、「嫌韓デモを黙認する日本にオリンピック誘致の資格はない、バンクがIOCに書簡」、「バンク、IOCに日本の反韓デモ中止を要求する書簡発送」などの見出しで伝えた》と韓国メディアの動きを伝えた。

バンクは一応民間団体であるが韓国政府が資金を拠出する半官半民の組織である。二〇〇一年ごろから活動を開始し、日本海を東海と書き換えさせる運動を展開し、各国政府や連合国（国連）や関係国際機関などに大量の意見メールを送信している。このような一種のスパムメールを組織的に送信する機関を「サイバー外交使節団」と呼ぶ独りよがりの無神経さが最近の韓国人の行動様式を象徴している。東京五輪招致を妨害する行動を公にして恥じないばかりか自画自賛までしている。バンクは東京五輪招致妨害だけでなく、慰安婦問題や竹島に関する韓国の一方的な主張を全世界に振りまいているのである。

この五輪招致妨害活動にしても根拠が全くない日本へのストーカー行為である。日本で反韓国デモが行われているからという政治的理由が五輪開催を妨害する大義名分になっているのは明らかに異常で、これでは、韓国では何一つスポーツの国際大会が開催できなくなるではないか。しかも、その理由づけも常軌を逸している。先の記事を引用しよう。

《バンクのパク・キテ団長は「東京や大阪の反韓デモは、民族差別的性格を帯びているだけでなく、世界を戦争の恐怖に追い込んで数々の隣人に消すことができない傷を残した帝国主義の復活を叫ぶ。日本の当局はこのような状況を黙認しており、オリンピック精神と共存できないことをＩＯＣと海外メディアに伝えるため、書簡を送った」と趣旨を説明した。

さらに、パク団長は「東京などで反韓デモがこれ以上続けば、この停止要求書簡を全世界のメディアやウェブサイト、YouTube、SNSなどに拡大して発送する」と警告した。バンクは、反韓デモと帝国主義復活のスローガンがオリンピック精神を毀損（きそん）していることを明らかにするとともに、2020年のオリンピック開催候補地を審査するときにオリンピックの精神に基づいて行うことを促した》

このような韓国の無分別、無節操な反応は止まるところを知らないが、なぜ、それを誰も止められないのであろうか。昨年のロンドン五輪の男子サッカー三位決定戦で韓国が日本に勝った後、朴鍾佑（パク・チョンウ）選手が観客席から受け取った「独島（日本名：竹島）はわが領土」と書かれたメッセージボードを掲げたことが事件になった。五輪での政治活動を禁じる五輪憲章に明らかに抵触した行為で、韓国チーム全体が責任を問われ、三位入賞が取り消される行為を行った。にもかかわらず、韓国は国を挙げてIOCへのロビー活動を繰り広げ、驚いたことに朴鍾佑選手への最終的な処分が下されたのは、五輪から半年も経過した今年の二月だったのである。しかも、韓国チーム全体への処分は五輪直後に見送られていて、朴鍾佑選手への銅メダル授与が認められるかどうかだけが焦点になっていた。もう世界中の誰もが、特に忘れっぽい日本人全員がロンドン五輪の政治プラカード掲出事件を忘れ去った時に銅メダル授与を認める裁定が下された。

「コンクリートから人へ」のデタラメ

民主党が掲げた「コンクリートから人へ」というマニフェストは、耳触りのいい言葉で、キャッチフレーズとしてはとても優秀なものだった。コピーとしてはいいが、残念ながら実体が伴わず、宣伝に騙されて不良品を掴まされたようなものだった。人はコンクリート（インフラ）という基盤がなくては生活も発展もないわけで、その大事な部分が欠落してしまっていた。

そもそも民主党政権がやっていたことは日本を弱体化させるような政策ばかりで、それをやめさせるだけでも財政出動が正常化されるという側面があった。「子ども手当」、「高速道路無料化」、「後期高齢者医療制度廃止」、「高校授業料無料化」、「最低年金保障」…、これらはすべて個人への直接給付や、負担軽減である。「子ども手当」に至っては、外国人にまで支給するということで、制度を悪用した韓国人が「タイに養子縁組した子どもが五五四人いる」として八六四二万円を請求する事件まで起きている。

民主党政権は財源の嘘がばれ、公約倒れになって信頼を失ったわけだが、だから駄目なのではなく、有権者はこれらのバラマキ政策に対してこそ本来の批判をしなくてはならない。どういうことかといえば、これらの個人への給付というのは、前述した名目ＧＤＰの成長にまったく寄与していないからだ。経済活動が行われず、お金を付け替えただけ、要するに、国のお金を個人の銀行口座に振り込んだようなもので、名目ＧＤＰにまったく寄与していないわけだ。

例えば、子ども手当を支給された家庭があるとする。彼らがその分で子供の服を買ったり、食事に行ったりすれば、多少は貢献したかもしれないが、実際は多くが貯蓄に回してしまった。つまり、せっかく出したお金が回らないのである。

これでは経済効果は上がらない。高速道路無料化もそうだし、高校授業料無料化についても同様である。個人へのバラマキというのは貯蓄の形で私蔵されてしまい、個人に撒けば撒くほど財源が枯渇していくだけで、経済のバランスが崩れてしまう。その結果、デフレ下の消費増税というあり得ない政策を生んでしまったわけで、今後は名目GDPを上げるための成長戦略が大変重要になってくる。

円高に封じ込められた日本

成長戦略を考えるうえで、まず鍵になるのが「円高」だ。失われた二十年で、日本の製造業のポテンシャルがだんだん下がってきたことと、ソニー、パナソニックに代表される世界を席巻していた家電メーカーが韓国企業に市場の片すみに追いやられてしまったことには、共通の原因がある。いうまでもなく「円高」である。業績不振は企業努力の失敗もあるだろうが、円高による為替損失で多くの企業が研究開発に投資できなくなったという事情があり、自然と競争力が失われる結果となってしまった。

為替相場は取引に応じ基本的に自由市場で決定するが、建て前とは裏腹にそこにはそれぞれの思惑が交錯し、自国に有利なような力学が働くことがある。貿易依存度の高い日本は円安に振れるのが理想なのであるが、それを好ましく思わない諸外国によって「長年、円高に封じ込められてきた」という側面がある。

いま「アベノミクス」を激しく批判している韓国や支那、今年三月までのＥＵは間違いなく日本を異常な円高のままにしておきたかったことだろう。とくに韓国は「日本は為替操作をしている」、「円安誘導だ」と煽り立てているが、当の韓国がウォン安を黙認していたではないか。一九九七年の通貨危機でＩＭＦに産業構造の転換を忠告されたにもかかわらず、相変わらず輸出に頼ってウォン安を武器にサムスンを世界的企業に押し上げた。さらに酷いのは支那で、世界二位の経済大国に成長した今も頑なに固定相場を維持し、実質的に為替を操作している。これをアメリカが容認し、支那で製品を作る代わりに国債を買ってもらうという〈悪の互恵関係〉が成立し、そこに日本は嵌《はま》り込んでしまった。

そもそも日本は、「幻の黄金時代」と私が呼ぶ八〇年代から為替に泣かされてきた苦い歴史があり、東西冷戦の中で「日本の一人勝ちを許さない」という西側先進諸国の強い意志のもと、一九八五年、先進国蔵相会議でプラザ合意が成立。発表直前一ドル二三五円が翌日には二〇円急落、一年後には一二〇円とほぼ半値まで下落する驚異的な円高が進行した。これを根拠に、一ドルは二〇〇円が適正ではないかという専門家もいるくらいだ。

「アベノミクス」は、実はプラザ合意以降、初めて明確な円安基調をもたらしたのであり、ある意味、これは八〇年代に日本が失ってきたものを取り返す復讐戦という感じさえする。「アベノミクス」の円安進行によって競争力が飛躍的に高まり、パナソニックもシャープも決定的な危機からまぬがれた。米倉経団連会長が「アベノミクス」に根拠のない批難を浴びせていたが、経団連は安倍晋三首相に心から感謝すべきだろう。

ここでもう一度、昨年からの流れを総ざらいすると、様々なことが見えてくる。二〇〇五年以降、対中投資は世界的に減少傾向にもかかわらず、日本だけが増加しているのはなぜか？　その財界のトップが「アベノミクス」に批判的だったのはどうしてか？　そうして炙り出されるもの――それが「トクアノミクス」の不気味な姿の一部なのである。

日銀総裁に就任した黒田東彦氏がアジア開発銀行総裁時代に、アジア開発銀行から巨額の資金が隠れＯＤＡとして中国共産党に流れていたことを指摘する人もいる。それもトクアノミクスなのである。

民間の活力を生かす政策を

日本企業は、小泉構造改革のときに規制緩和をどんどん推し進めたことによって、〈日本株式会社〉の、日本の一つひとつの単位であった日本型企業を自ら壊してしまった部分があり、まずはその反省にたたなければならない。そういった側面を認識できるかどうかが非常に重要になる。

そこで、日本企業が世界で活躍するうえで、国はどういう成長戦略を出していくのか。官邸はどう考えるのか、経産省の産業政策はいかなるものかを明確に示す必要がある。

自民党は二〇一二年十月に「日本経済再生本部」を立ち上げ、政権奪取と同時に官邸にこれを置いた。成長のカギを「イノベーション」と位置づけ、ノーベル賞受賞の山中伸弥教授らの新技術のバックアップ体制の拡充を図っている。民主党の事業仕分けで三位に転落してしまったスパコン「京」プロジェクトも一位奪還に向けて再稼動しており、パーキンソン病やアルツハイマー病といった難病の新薬も次々と開発されている。

また経産省は、二〇一〇年から「クールジャパン官民有識者会議」を立ち上げ、日本文化を世界に発信する戦略を始めていた。クールジャパンが新しい産業の柱になるのは間違いなく、すでに韓国では、政府主導で「国家ブランド委員会」なるものを立ち上げ、「韓流」なるブランドを前面に押し出してK－POPや「冬ソナ」のようなドラマで、少なからず利益を上げている。PSYの「江南スタイル」はUKチャートで一位、ビルボード二位を記録して、世界でも話題になった（後に「YouTube」の異常な再生回数が、F5キー連打による捏造と疑われているが）。

「韓流」の例を挙げるまでもなく、クールな日本文化はじゅうぶんに商品価値を有しており、これからもどんどん発信していくべきである。だが、安倍内閣の有識者会議の人選が妥当かどうか、それこそ有識者の意見を広く取り入れて本当の〈クールジャパン〉とは何かという再定義が必要となっている。

戦略だけでなく、この先、政府と企業がどうマッチングしていくかが成長の鍵となるが、嘆かわしいことに、いまの経済界は利益ばかり追求し、国益などまるで考えていないように感じる。昔の財界は、しっかりした国家観の持ち主がトップに立っていた。石川島播磨重工の土光俊夫氏は中曽根首相とガッチリ組んで日本をリードしたし、日経連の鹿内信隆氏は、左翼化しているメディアを憂いてフジテレビをつくった。それに比べ、いまは国を売ることとしか考えない企業人の方がはるかに多いのである。儲かりさえすれば、アメリカとでも、支那とでも手を組んでしまう。「アベノミクス」に危惧があるとすれば、この点が最も危ないのではないだろうか。

おもしろいことに、過去の産業界を振り返ってみると、私の知る限り、政府が主導する産業政策は概して経済の実情を知らない官僚の机上のもので、結局、最も成功したのは通産省に逆らった人たちの戦略である。それが、いまのソニーとホンダなのである。民間の活力には、官僚のドラフトを越えた力があるわけで、そういった民間のアイデアなりマーケティングセンスを活かせる政策がどこまで立案できるかが、成長の大きな鍵となるだろう。

新しい成長と潜在能力

脱デフレは実体と精神の脱却から

二〇一一年三月十一日、宮城県東南東沖で発生した東日本大震災は、死者行方不明者合わせて約二万人に及ぶ未曽有の大災害となったが、図らずもそれが日本人の潜在能力を証明する結果となった。震災直後、混乱の中で決してパニックになることなく、被災地でさえ暴動、掠奪が起きなかった。遠く離れた東京では整然と道を歩き、バスの行列に並ぶ――そんな日本人の姿が世界中のメディアで取り上げられ、公共心や道徳心といった民度の高さに、世界の人々は驚愕した。

それは、日教組の教育で道徳教育が失われ、自虐史観で自らに誇りを持てなくなったと言われてきたように、日本が戦後になって失ってしまったと思われていた部分が、実はほとんど変化していなかったということの証明でもあった。近年、日本でも少年の凶悪犯罪や残忍な事件が多発し、その様な現象面に目を奪われがちだが、非常に文明的で、文化的に高いものを持つ、そんな日本の潜在能力の大きなファクターを私たちは再確認したのである。

ゆとり教育の弊害で世界的に学力が落ちているとか、ハーバード大学やＭＩＴ（マサチユーセッツ工科大学）への留学生の数が、支那や韓国と比べ大きく減少しているという事実はある。しかしそれも、まさに失われた二十年の中で、デフレが常識になって思考が内向きになってしまった、縮小していく社会から考えれば、やむを得ない傾向ではないか。すなわち日本はデフレ経済の実体からいち早く立ち直り、同時に〝デフレ精神〟からも脱却して、トレンドをポジティブな方向に変えていかなければならない。社会が活性化し前向きに変化すれば、日本の潜在能力からして新しい成長材料などいくつも湧き出てくるのである。

じつは、震災からの復興の過程でも、成長のヒントになるようなものがすでにいくつか出てきている。福島原発事故の対策で、アメリカの軍事ロボットに匹敵するものが日本にはないことが問題になった。あれから二年経ち、いまでは比較にならないほど高性能なロボットやがれき回収ロボットが次々と開発され、防護服や放射線防護技術、汚染水処理システムの技術なども凄まじい勢いで発達を遂げている。

ハイテク家電にしても、円高とガラパゴス化で低迷してはいるが、技術的にはテレビの新規格「次世代液晶テレビ４Ｋ」を東芝が発表するなど、まだまだ世界の先端にいることを実証した。昨年、映画の公開で話題になった「はやぶさ」のイオンエンジンも、世界に例を見ない日本独自の技術であり、民生品レベルでの活用が期待されている。また、やや毛色は違うが、音声合成ソフト「初音ミク」も世界で絶賛されている。一種マイノリティな、オタクの世界でしか受け入れられなかったものが、いまや国境、民族を越えて訴えかけるパワーを持ってしまっている。それこそ、クールジャパンの真髄なのである。

そういう誰も考えもしなかったものを生み出す能力が、日本人にはある。八〇年代、ウォークマンやCDが次々と製品化され、エズラ・ヴォーゲルが『Japan as NO.1』（一九七九）を記したように――それに匹敵するものが、まだまだ出てくる可能性に満ちている。

クールな初音ミクとクールでない秋元康

「初音ミク」について、ひと言付け加えておこう。「初音ミク」とは、クリプトン・フューチャー・メディアから二〇〇七年に発売された音声合成ソフトである。人工音声に身体を与えることでよりリアリティを増すという観点から、ソフト自体を「ヴァーチャルアイドル」と見立てており、ユーザーがニコニコ動画に映像をアップしたことから火がついた。

これがなぜクールジャパンかといえば、若い人たちの間で「初音ミク」自体が一つの新しいメディアになっているからである。発売元のクリプトンは非営利であればキャラクター画像の自由な使用を認めており、ネット上にアップされた楽曲、イラスト、CGはすでに10万曲以上で、世界各国でヴァーチャルイベントも開催されている。「初音ミク」が歌うことでJ－POPやアニソンを世界に発信するツールにもなるし、イベントでは入場収入や広告収入も見込める、すでにそれ自体が新たなビジネスなのである。もしかしたら、「初音ミク」は21世紀の鉄腕アトムになれるかもしれない。実際、アニソンはフランス、イギリス、ポーランドなどのヨーロッパ諸国で想像以上に人気が高い。信じられない読者は、YouTubeで検索を試みればいい。人気TVアニメの主人公、涼宮ハルヒを踊っている世界中の人々の動画が、まるで世界一周するように山のようにアップされている。

ほかにも、まだまだ埋もれたクールジャパンを掘り起こしていく必要があるだろう。音楽でいえば、若干二十歳でジャズ界の世界の巨匠とセッションをしている女性サックス奏者、寺久保エレナもクールであり、フランスでミシュランの星を獲得した若手シェフ・松嶋啓介もクールだ。

　以前はスシ、テンプラしか受け入れられなかった日本食も、日本料理そのものがクールになりつつある。今年三月にＷＥＢメディア、ＪＢプレスに掲載された記事では、「Japan eat good」の見出しで新たな日本食ブームについて触れられている。

《この10年ほどを振り返るに、その浸透ぶりは顕著だ。いまやsushiという単語はすっかり市民権を得、郵便受けに入っている宅配のビラでも、ピザよりスシのケータリングのほうが多いくらいだし、中華料理店が一夜のうちに日本料理レストランに変身するケースは無数にある。（中略）一方、高級フレンチの世界では、以前「パリで大人気、日本の野菜」でご紹介した日本野菜栽培家の山下朝史さんがますますの人気を集めているのをはじめ、気鋭のシェフたちが出汁、しょうゆ、豆腐、わさび、ゆずなどの食材を彼らのレパートリーとして取り入れるのが、もはや珍しいことではなくなった。

　レストランのメニューで「YUZU風味」などと当たり前に表記されるようになり、「これは農水省の主導で博報堂が具体化した食品の掲示販売などを続けてきたことの効果が上がっている」》と記事は結んでいる。

ただ一方で、ブームに便乗した「なんちゃって日本料理店」が多いのも事実だ。この手の店は和食の〝わ〟の字も知らない韓国人や支那人が経営しているケースが多く、クールジャパンとして日本食を広めるためには、しっかりとしたクレデンシャル（資格）を出すべきだろう。第一次安倍内閣で、海外から「スシポリス」と揶揄された故松岡利勝農林水産大臣の提唱した「日本食認証制度」をいま一度、再検討するべきである。

そういう意味で、日本の新しい成長の指標ともなる「クールジャパン推進会議」の意義はとても大きいが、そのメンバーに秋元康氏が選ばれたことは疑問である。

四月の衆議院予算委員会で、茂木敏充経済産業大臣が、

「日本から配信されたコンテンツはかつては『おしん』だったが、これからは『ＡＫＢ』に『なでしこ』だ。しっかり頑張りたい」

と発言したが疑問が残る。秋元康氏はアイドルグループをつくることに類いまれな才能がある戦略家であって、クールジャパンを主導する日本文化を代表する人物とはとても思えない。ビジネススタイルもクールには程遠く、「総選挙」と呼ばれるアイドルキャンペーンで、選挙という言葉をマーケティングの道具とし、子供たちを煽って、ＣＤに付随す

る投票券欲しさの犯罪まで誘発している。第一、ＡＫＢ自体が海外でまったく評価されていない。なぜそれがクールジャパンなのか。ネットでの評判も非常に手厳しく、

《「意味不明」「なぜ秋ブタが私腹を肥やすのに投資するのか」「秋元に金を出すならドラゴンボールのＤＶＤを世界に配ったほうがいい」》

と批判を通り越した拒絶反応状態である。そんな実情も政府は情報収集に努めなければならない。

自虐経済と自虐史観

歴史と経済の自虐パラレル

バブル崩壊後、二十年間デフレに陥った日本経済は、思考をも内向きに変えてしまった。〝デフレ精神〟がしみついた経済は、なんの成長戦略もイノベーションも生み出せない、ただ縮小するだけの自虐経済でしかなく、これが八〇年代の終わりから始まった日米構造協議と連動して、グローバリズムの名のもと、どんどん歩みを加速させていった。

おもしろいことに、自虐経済は時を前後して発生した自虐史観の問題と流れが一致しており、両者はパラレルな存在といえるだろう。

自虐史観

日本の自虐史観を語るうえで、まず触れなければならないのが「近隣諸国条項」である。現安倍政権でも「見直しを」という話が具体的に進められているが、厄介な問題をはらんでおり、外交カードを失いたくない支那、韓国とはやくも駆け引きが始まっている。「近隣諸国条項」の発端となったのが、三十一年前の「教科書書き換え誤報事件」である。

一九八二年六月、新聞全紙、各テレビ局がいっせいに「歴史教科書で書き換え」のニュースを報じた。文部省（当時）が教科書検定で高校の歴史教科書の「中国へ侵略」の記述を「中国へ進出」に改めさせたというのである。後に、検定の前と後で書き換えの事実はなく、最初から「進出」と記してあっただけの世紀の大誤報と判明するのだが、支那と韓国が騒ぎ出した。当時の首相、鈴木善幸は九月に訪中を控えており、強気の外交ができず、話はこじれにこじれて、事態を鎮めるために当時の宮沢喜一官房長官が談話を発表する。「政府の責任において教科書の記述を是正する」「検定基準を改め、前記の趣旨（アジアの近隣諸国との友好、親善）が十分実現するよう配慮する」（宮沢談話）

結局、事件は報道内容の一次情報が検証されないまま情報ロンダリングされ、同年十一月、後に「近隣諸国条項」と呼ばれる検定新基準の文言が作成された。

「わが国と近隣諸国との間の近現代の歴史的事象の扱いに当たっては、国際理解と国際協調の見地から必要な配慮がなされていることとする」

国際理解と協調などという一見、もっともらしい言葉が使われているが、要するに、今後日本は自由に歴史を書けない、ということにほかならない。自国の歴史が他国によって左右されることを認めてしまったのである。

この年、すでに各メディアは事件の検証をしており、産経新聞は自ら誤報を認め、《読者にお詫びします》という七段囲みの謝罪記事を掲載。支那の抗議がいずれも根拠がないことを説明した。しかし、朝日新聞は九月十九日の中川昇三社会部長名の記事で、責任を文部省に転嫁しているのだ。

《ことの本質は、文部省の検定の姿勢や検定全体の流れにあるのではないでしょうか》《侵略ということばをできる限り教科書から消していこう、というのが昭和三十年ごろからの文部省の一貫した姿勢だったといってよいでしょう》

文部省に「侵略」という言葉を消していこうという方針があったかどうかは、この際関係なく、事実でないことを捏造してセンセーショナルに焚きつけて、鈴木首相の訪中に合わせた政治圧力で謝罪外交させたことが問われるべきなのに、全く反省していない。

この教科書書き換え問題については、町村信孝衆議院議員も文部科学大臣在任時、「誤報だった」と国会で発言しており、「近隣諸国条項」は撤廃するのが当然である。だが、当時はこれほど大きな問題になるとは考えられず、プロトタイプになってその後何度も繰り返されることになるとは誰も思ってもいなかったのである。

「河野談話」って何?

「宮沢談話」の十一年後、再び同様の騒動が持ち上がる。「河野談話」である。この過程でも、やはりメディアがとんでもない陰謀に加担している。

平成三年（一九九一）八月、朝日新聞が植村隆記者の「金学順という慰安婦の証言を得た」とのスクープを掲載した。

《日中戦争や第二次大戦の際、「女子挺（てい）身隊」の名で戦場に連行され、日本軍人相手に売春行為を強いられた「朝鮮人従軍慰安婦」のうち、一人がソウル市内に生存していることがわかり、「韓国挺身隊問題対策協議会」（尹貞玉・共同代表、十六団体約三十万人）が聞き取り作業を始めた。

同協議会は十日、女性の話を録音したテープを朝日新聞記者に公開した。テープの中で女性は「思い出すと今でも身の毛がよだつ」と語っている。体験をひた隠しにしてきた彼女らの重い口が、戦後半世紀近くたって、やっと開き始めた。

尹代表らによると、この女性は六十八歳で、ソウル市内に一人で住んでいる。（中略）女性の話によると、中国東北部で生まれ、十七歳の時、だまされて慰安婦にされた。二、三百人の部隊がいる中国南部の慰安所に連れて行かれた。慰安所は民家を使っていた。五人の朝鮮人女性がおり、一人に一室が与えられた。女性は「春子」（仮名）と日本名を付けられた。

一番年上の女性が日本語を話し、将校の相手をしていた。残りの四人が一般の兵士二、三百人を受け持ち、毎日三、四人の相手をさせられたという。「監禁されて、逃げ出したいという思いしかなかった。相手が来ないように思いつづけた」という。また週に一回は軍医の検診があった。数ヶ月働かされたが、逃げることができ、戦後になってソウルへ戻った。結婚したが夫や子供も亡くなり、現在は生活保護を受けながら、暮らしている》

この記事が韓国各紙に転載され、慰安婦問題がにわかにざわめき出す。しかし、その後の調査で、植村の妻は韓国人で、義母が金学順を原告とする訴訟原告団の団長であることが判明する。それだけでなく、金学順が所属する「韓国挺身隊問題対策協議会」は北朝鮮のスパイの関与が囁かれている団体で、しかも「女子挺身隊」を慰安婦と混同している。「女子挺身隊」は戦時下、学徒動員で勤労奉仕した女性たちを指す言葉であり、当時は二十万人ぐらいいた。それを勝手に戦地娼婦である慰安婦と結びつけ、「二十万人の性奴隷」

と偽って後に損害賠償を起こすのである。

この慰安婦問題の成立過程は自虐史観の典型的な例で、重要な局面で必ずこの様な工作員が登場する。翌平成四年（一九九二）一月十一日、朝日新聞は再び、吉見義明中央大教授の《軍関与の証拠見つかる》の記事を一面トップで報じた。

《日本軍が慰安婦連行に関与する証拠が見つかった》

との主張だが、その証拠というのが、「一部の業者が慰安婦を酷い集め方しているから、ちゃんと罰しろ」という命令書のことで、それを「軍関与だ」と騒ぎたてた。「朝鮮人の女衒が人さらいをして慰安婦を集めてるのは、皇軍の名誉を汚すことになる。だから是正しろ」とハッキリ書いてあるのにもかかわらずである。

ネットが普及した今なら、すべての一次ソースが明かされて、この慰安婦キャンペーンは成り立たなかったであろう。ところが当時は検証する機関がなく、なんと九三年八月に「河野談話」が発表されてしまうのである。

《いわゆる従軍慰安婦問題については、政府は、一昨年12月より、調査を進めて来たが、今般その結果がまとまったので発表することとした。

今次調査の結果、長期に、かつ広範な地域にわたって慰安所が設置され、数多くの慰安婦が存在したことが認められた。慰安所は、当時の軍当局の要請により設営されたものであり、慰安所の設置、管理及び慰安婦の移送については、旧日本軍が直接あるいは間接にこれに関与した。慰安婦の募集については、軍の要請を受けた業者が主としてこれに当たったが、その場合も、甘言、強圧による等、本人たちの意思に反して集められた事例が数多くあり、更に、官憲等が直接これに加担したこともあったことが明らかになった。また、慰安所における生活は、強制的な状況の下での痛ましいものであった。

なお、戦地に移送された慰安婦の出身地については、日本を別とすれば、朝鮮半島が大きな比重を占めていたが、当時の朝鮮半島は我が国の統治下にあり、その募集、移送、管理等も、甘言、強圧による等、総じて本人たちの意思に反して行われた。

いずれにしても、本件は、当時の軍の関与の下に、多数の女性の名誉と尊厳を深く傷つけた問題である。政府は、この機会に、改めて、その出身地のいかんを問わず、いわゆる従軍慰安婦として数多の苦痛を経験され、心身にわたり癒しがたい傷を負われたすべての方々に対し心からお詫びと反省の気持ちを申し上げる。また、そのような気持ちを我が国としてどのように表すかということについては、有識者のご意見なども徴しつつ、今後とも真剣に検討すべきものと考える。

われわれはこのような歴史の真実を回避することなく、むしろこれを歴史の教訓として直視していきたい。われわれは、歴史研究、歴史教育を通じて、このような問題を永く記憶にとどめ、同じ過ちを決して繰り返さないという固い決意を改めて表明する。

なお、本問題については、本邦において訴訟が提起されており、また、国際的にも関心が寄せられており、政府としても、今後とも、民間の研究を含め、十分に関心を払って参りたい》

出された時期は、またも宮沢喜一首相の訪韓のタイミングであり、盧泰愚大統領（当時）から実態調査を求められてのことだった。その結果、その後すべての中学の歴史教科書に「従軍慰安婦」という架空の存在の記述が載るようになってしまったのである。

冷戦崩壊で醸成された自虐の空気

それと呼応するかのように、八〇年代末からの日米構造協議のあと、九四年になると米国から年次改革要望書が次々と出されるようになり、デフレ精神に冒された日本の産業構造は、米国の都合のいいように変えられて、自虐の道をひた走った。つまり、自虐史観と自虐経済がパラレルに進行してしまったのである。

自分のアイデンティティや自らに対する自信、誇りが、まず歴史の分野で持てなくなると、経済活動にも影響が出てくる。日本は悪い国だと教え込まれてくれば、活発な経済活動も悪いのではないかと感じてしまう。このように九〇年代から知らず知らずのうちに、日本国民全体に自虐の空気が醸成されていったのではないだろうか。

東西冷戦の終結で、アメリカの核の傘に入れば西側社会の一員としてトップクラスの国でいられた戦後日本人のアイデンティティーが否応なく崩壊した。冷戦終結でこれまでの枠組みが外れたのだから、自分なりに羅針盤を見つけて航海していかなければならないのに、相変わらず、のん気にアメリカの船というお尻を追いかけるだけだった。それが、戦後の自立という問題にも繋がるのだが、見事に真の自立ができなかった結果が、自虐史観と自虐経済なのである。

真の独立国家へ脱皮する日本

では、真の独立国家へ日本が脱皮するためには、どうしたらいいか。それは、日本が独自の視点を持って、自立していくことである。冷戦が終わって、世界はめまぐるしく変化している。キッチリとした座標軸を見つけなければ、これまで同様、ただ単にアメリカ、支那に翻弄されるだけだ。

その最もわかりやすい例が民主党政権であった。政権の座についた三年三カ月は、ほぼすべての政策が支那と韓国のためのものだったといっても過言ではない。そもそも外国人が党大会の代表選挙に参加できるなど、規約自体が異常であった。

アメリカとの関係も新しい局面に入っており、まずは早く自虐史観と自虐経済を捨てることだ。両者から解放されなければ、日本の自立も見えてこないし、米国に対等に主張することもできない。もっと具体的にいうなら、戦後を規定している「日本は敗戦国である」という思考からの脱却である。連合国（国連）に敵国条項があり、いまだに占領憲法である日本国憲法を使っている現状は、日本が占領下に置かれているのと同じである。昭和二十七年四月二十八日にサンフランシスコ講和条約が発効し、六十一年たったいまも主権すら回復できていないのと同じではないか。その証拠に、憲法は占領憲法のままであり、不法占拠されている北方領土、南樺太から千島列島、竹島は全部侵略されたままではないか。

いまの尖閣の問題は、主権意識をないがしろにしてきた日本人の当然の帰結であり、国家主権が及んでいる場所でさえ外国に脅かされて侵略されつつあることを露呈しているのである。

しかし、注目する社説が今年の一月三日に米国紙『ウォールストリート・ジャーナル』に掲載されたことを指摘しておきたい。長いが全文引用する。

「Asia's Pivotal Power」（アジアの行く末を左右する強大な国）と題された社説だ。

《復活したアジアの国がタカ派のナショナリストを権力の頂点に据えた。近隣諸国との領有権争いは世界的に重要な貿易航路に近い海域での軍事衝突のリスクを高めている。同国が偉大だったころの記憶は、地域の覇権争いに加わるんだという政府高官たち決意の源になっている。同国の再浮上により、アジアの地政学的地図は塗り替えられることになるかもしれない。

いや、支那のことではない。世界を驚かし、この地域を大きく変えようとしているのは日本である。多くの人がその影響力を見限る原因にもなった経済的衰退からの逆転を果たせればの話だが。

昨年12月26日に総理大臣に就任した安倍晋三氏が、これまでの首相とは比較できないほどの難題に直面していることは事実である。日本の人口は世界最速で高齢化しており、２０１１年の東日本大震災と福島第一原発事故の影響は今も色濃く残っている。政治は行き詰ってばかりで、自信にあふれた中国からの増大しつつある挑戦にもさらされている。

米国人の中には支那をアジアの未来、日本はアジアの過去と見なし、変貌を遂げた世界では日本との同盟は時代錯誤、あるいは厄介なものとさえ考える向きもある。しかし、日本を単なる友好国と軽視するのは誤りである。米国にとって日本は今もアジアにおける最も強固な同盟国であり、世界の勢力バランスにおいても重要な役割を果たすだけの世界屈指の能力を備えている。

日本政府は、アジア地域の勢力図を塗り替え得る新たな戦略的関係を築こうと特異な発想で取り組んできた。国家意識をめぐる議論の高まりにより、アジアにおいて平和主義的だった同国の態度はより断固としたものへと変化していくだろう。

驚くかもしれないが、日本の回復力の根底にあるのは経済だ。日本は最初のアジアの虎であり、その数十年にわたる成長は今日の支那のペースに匹敵した。国内総生産（GDP）で支那が日本を追い越せたのは、13億の国民の生産力を活用したからだが、人口がその10分の1以下の日本が同水準の生産力を示したことも忘れてはならない。多くの経済的問題を抱えているのは確かだが、日本は将来の成長の原動力となり得る卓越した技術を保持し続けてもいるのだ。

日本政府はそうした経済力を外交活動に反映させてきた。世界有数の対外援助国である日本は、イラクの復興支援のために約4350億円を、アフガニスタンにも米国に次ぐ支援額となる約6100億円の拠出を約束している。数十年に及ぶ軍事政権下で放置され、ずたずたになっていたミャンマーのインフラや人材の再建においても主導的役割を果たしている。また東アジアの安全保障の要である5万人近い駐留米軍には基地と巨額の受入国支援を提供している。

日本は自国の軍事力も増強してきた。あまり知られていないが、同国には幅広い作戦任務で米国軍と緊密に連携できるほど高度な技術を持った軍隊がある。日本の軍事支出は世界第6位で、その海軍の能力は米国の同盟国の中で最も高く、高度なミサイル防衛技術も持っている。また軍事能力の質も高く、いくつかの分野では支那軍をしのいでいる。

積年の自制的態度を改めた日本は、その軍事力の行使をますます拡大している。この10年間に日本は、アフガン戦争支援を目的としたインド洋における艦船への給油活動、イラクへの自衛隊派遣、津波の被害を受けたインドネシアの復旧活動への参加、ネパールへの停戦監視要員の派遣、インド・オーストラリア・韓国・米国の海軍との合同演習、国連ハイチ安定化ミッションへの参加、ソマリア沖海賊対処のための艦船派遣などを実施してきた。

日本は国内の軍需産業への足かせとなっていた武器輸出に関する規制も緩和し、東南アジアの軍事能力強化を拡大させた。日本政府はオーストラリアやインドと軍事協定を結び、米国政府・インド政府とは三カ国間戦略的パートナーシップを形成した。

こうした動きは、日本の政治の水面下で巻き起こっている将来の安全保障の原則に関する国内の激しい論争を反映している。そのきっかけとなったのは支那の急激な台頭と、近隣諸国への強硬な戦術である。安倍氏の総理就任と日本維新の会のような国家主義的な新組織の勢いは、支那の挑戦に直面している米国のリーダーシップにも広範に影響を与えかねない日本の政治情勢の右傾化を反映したものである。

アジアへの戦略的リバランスに着手した米国政府にはできるだけ多くの友好国が必要となるが、日本ほど信頼できる同盟国など他にない。米国の成功は、経済を軌道に乗せ、戦略的な外交政策を練り上げ、政治の行き詰まりに収拾をつけるという日本の新政権の決意に密接に関係してくるだろう。１９４５年以前のアジアでは問題視されていた日本の強大な国力だが、21世紀ではそれが解決策の一部にもなり得るのである》（傍点西村）

引用中の傍点部分は米国の視点であり、日本への偏見を表したものだが、安倍政権は日本人が考えている以上に、世界各国から注目されて誕生し、かなり好意的な目で見られていることに間違いない。しかも、この『ウォールストリート・ジャーナル』のように軍事的な面でもこれまでにない日本の存在感を期待している。これが、アベノミクスを単純に経済政策だけと考えられない理由なのである。

第2章　トクアノミクスの正体

トクアノミクスという怪物

〈トクアノミクス〉とは造語である。〈アベノミクス〉に対峙する概念を、一言で言い表したオリジナル造語だが、実際はアベノミクスという言葉が社会的に認知されるはるか前から〈トクアノミクス〉という怪物は存在していた。第一次安倍政権が誕生する八年前からトクアノミクスは安倍政権誕生を妨害し、第一次安倍政権が誕生した後は、メディアによる執拗な情報操作で安倍攻撃を続け、わずか一年で安倍政権を崩壊に至らしめたものの実態である。

それは日本国内の政治力学による反安倍の動きだけでなく、外国の反日勢力と連携することで初めて力を持ちうるものだった。外国とは支那、韓国、北朝鮮のアジア三カ国のいわゆる〈特定アジア〉と米国の一部である。

簡潔に、結論から先に言えば、**特定アジア三カ国と米国の一部が結びついて、日本の自立、独立を認めない、日本を封じ込めるシステムが〈トクアノミクス〉なのである。**

平成二十五年（二〇一三）五月二十六日に興味深い記事を共同通信が配信した。

《日本の歴史発言に共同対処呼び掛け　韓国議員、米議会に書簡

2013.5.26 20:37

韓国与党、セヌリ党の尹相現国会議員は二十六日、歴史認識をめぐる安倍政権の対応や従軍慰安婦に関する橋下徹大阪市長の発言に共同で対処するよう呼び掛ける書簡を、二十七日に米上下両院の全議員に送付すると明らかにした。

書簡は日本の政治家による靖国神社集団参拝や、慰安婦は必要だったとした橋下氏の発言などを挙げ「東アジアの安定と平和のためには、歴史に対する心からの反省がなければならない」と指摘。

米国をはじめアジア太平洋地域の国々が「日本の政治家の非人道的で非理性的な言動に厳重な警告を与えるべきだ」と主張し、日本の「逸脱」が続く場合、日本の環太平洋連携協定（ＴＰＰ）交渉参加を見直すなどの「実質的行動を取る必要がある」としている》

こんなに分かりやすい記事はない。これがトクアノミクスの本質である。この記事で韓国が歴史認識問題で日本を非難する仲間に米国を招き入れようとしていることが分かるが、問題は歴史認識だけではない。当然、経済も重要なファクターになっている。韓国経済は、日本が長期デフレに苦しんでいた間、特に民主党政権誕生後の二〇〇九年以降の超円高で日本経済が壊滅的な打撃をこうむった恩恵で、家電や自動車を中心に輸出を拡大し、財閥企業の高収益を支えていた。つまり、アベノミクスは韓国にとっての天敵なのである。

そんな韓国と同じ構図で、支那も日本に敵対している。尖閣諸島や沖縄への侵略を露骨に露にし始めたのは、尖閣諸島の領有権問題で自分たちに勝ち目がないことを思い知らされたことからくる焦りもある。特に沖縄侵略の意図を明確に世界に主張し始めているのは、その焦りを物語っている。と同時に、歴史問題を武器にして日本の外交力を弱めようとするやり方も韓国と同じである。そんな中国共産党の意図が分かりやすく読み解ける報道も五月二十七日の共同通信が報じていた。

《中国首相、ポツダムで演説　尖閣念頭「日本が盗み取った」

2013.5.27 08:32
ドイツを訪問中の中国の李克強首相は二十六日、ベルリン郊外のポツダムで演説し、尖閣諸島（沖縄県石垣市）を念頭に「日本が盗み取った」と主張し、「世界平和を愛する人々は、第二次大戦の勝利の成果を破壊したり否定したりしてはいけない」と述べた。国営新華社通信が伝えた。

李氏は、日本が受諾したポツダム宣言について「日本が盗み取った中国東北地方や台湾などの島嶼《とうしょ》を中国に返還すると規定したカイロ宣言の条件を必ず実施すると指摘している。これは数千万人の生命と引き換えにした勝利の成果だ」と強調した。

李氏は「ファシストによる侵略の歴史の否定や美化の言動は、中国人が承諾できないだけでなく、世界各国の平和を愛する正義の勢力も受け入れられない」と述べた。

昨年九月の尖閣国有化について、当時、副首相だった李氏は「主権への深刻な侵害だ」と非難していた》

先に紹介した韓国の米国への働きかけと構図は全く同じである。全く根拠のない言いがかりで日本領土への侵略的野心を公の場で発言する厚顔無恥さに呆れるばかりだが、これも今に始まったことでなく、蔣介石政権の中華民国の時代から変わらない支那のお家芸と言える。その重要なファクターとして、歴史認識問題が利用されるのも、韓国と同じである。

しかも、日本の長期デフレと異常な円高で莫大な経済的利益を上げていた支那の経済は、バブル崩壊を目前にして韓国以上にアベノミクスが脅威となっている。

このように経済だけでなく、外交・安全保障も含めたトータルなバランス・オブ・パワーにまでアベノミクスの力が及ぶので、特定アジアによる反日政策もトクアノミクスという形を取らざるを得なくなる。そこに米国の力をいかに取り込むかが重要なテーマになるのである。

そしてまた、北朝鮮も重要なファクターになる。突如、飯島勲内閣官房参与が北朝鮮に飛んだのは、今年の五月十四日だった。核ミサイル攻撃の威嚇を日本、韓国、米国に向けて続けながら、瀬戸際外交を続ける北朝鮮だが、昨年の金正恩政権の誕生以来、ますます孤立化する、そんな北朝鮮への電撃訪問だった。

民主党野田政権末期の昨年十二月、日朝協議が再開されようとしていた。膠着した拉致問題の解決への前進を民主党政権も考えていたからだ。しかし、日朝協議寸前に北朝鮮はミサイル実験を行ったため、日本と北朝鮮の交渉も中止になってしまった。その後、今年になって北朝鮮は核実験を行い、北朝鮮の庇護者である〈血の同盟〉で結ばれる支那までもが連合国（国連）安全保障理事会で北朝鮮への制裁決議に賛成することになった。

そして、今年三月十一日には、北朝鮮は朝鮮戦争の停戦協定を一方的に破棄した。昭和二十五年（一九五〇）六月二十五日に始まった朝鮮戦争は、二十一世紀の現在でも終わっていなく、正式には昭和二十八年（一九五三）七月二十七日に休戦協定が結ばれただけで休戦中に過ぎない。つまり、韓国と北朝鮮は戦争状態が止まっているということなのである。

そこで北朝鮮が休戦協定を破棄したということは、朝鮮半島は事実上、戦争状態に回帰するということだった。もし、韓国が北朝鮮に対抗措置をとれば、「同盟国のアメリカ、日本も攻撃対象となる」と金正恩第一書記はその後も挑発を続け、日本はいつ攻撃されてもおかしくないような状況だったのである。

第二次安倍政権のキャッチフレーズである〈アベノミクス〉は、前章で述べたとおり、経済政策だけでなく外交・安全保障政策と一体になったものだ。日本が独立国家として自立していくための第一歩でもある。そういう意味でも拉致問題と核問題は日本が独自の外交でも取り組まなければならない問題だった。ところが、国際的な枠組みとして北朝鮮の核問題を話し合う二〇〇四年から始まった六者協議は、米国と支那のそれぞれの思惑が衝突し、連合国（国連）の安全保障理事会常任理事国であるロシアの傍観的な態度もあって、北朝鮮の核開発を防ぐどころか、これまでに三回の核実験を許し、さらに大陸間弾道ミサイルの開発までも助長させてしまった。

言い換えれば、六者協議は核兵器を保有する連合国（国連）の安全保障理事会が日本の独自外交を封じ込めるシステムとして機能しているものなのである。

だからこそ、膠着した拉致問題を六者協議と関係なく打開しようとする安倍内閣の方針は評価できる。安倍首相は尖閣問題でも訪米した時の二月二十二日の記念講演の後で重要なシグナルを米国へ送っている。

「尖閣諸島を守るのに米国の助けはいりません。私たちが自分たちの手で尖閣を守るのです」

記者会見で米国人記者にそう明言した。これは日本の自立しようという強い意志を示すもので、結果的に米国政府は日米安保を尖閣に適用することをその後の岸田外務大臣や小野寺防衛大臣との記者会見で何度も強く明言することになったのである。

現在の北東アジア情勢は、北朝鮮という特殊な中世的な共産主義国と支那という国家社会主義的な一党独裁全体主義、そして、そんな支那に飲まれつつある韓国の反日全体主義の脅威に日本が曝《さら》されている図式である。しかも、支那と北朝鮮の核ミサイルと対峙する状態は、東西冷戦そのものと言っていい。

一九八九年十二月二日、マルタ島での米国ブッシュ大統領（父）とソ連（ソビエト社会主義共和国連邦）のゴルバチョフ書記長によって「冷戦終結宣言」が行われた。この冷戦終結宣言によって、消滅したと思われた東西冷戦の構図は、東アジアにそのまま飛び火し、しかも複雑に変異していたのである。ただ単に、資本主義対共産主義という思想上の対立だけでなく、東アジア特有の文化的、民族的要素と複雑にからみ合う対立となり、東西という単純な図式では表せないものになった。

支那、北朝鮮という共産主義的全体主義に対抗しなければならない日本は、本来なら強く連携しなければならない、同じ自由主義側の韓国との連携が極めて困難な状況にある。この厄介な隣国は、世界でも例を見ない最大の反日国家であり、歴史的にも古代から支那に事大してきた系譜がある。しかも、それら反日の種を日本自らが胚胎してしまい、わが国は内外から攻撃に見舞われているのである。

韓国紙「中央日報」は五月十五日に「原爆投下は神の懲罰」という論説委員の記事を掲載して、日本中を呆れさせた。さすがに日本政府も抗議をしたのだが、中央日報側は謝罪しないと言い張っていた。過去に韓国が明確に日本に謝罪したことは一度もない。謝罪を上下関係を確認する行為で、相手への「負け」だと認識する文化は、欧米より儒教文化圏の支那と朝鮮半島の方が強い。逆に言えば、このような国にいくら日本が謝罪を繰り返しても全く意味はなく、彼らの根拠のない独りよがりの自尊心を満足させるだけで、日本を侮蔑することを一層促すだけで、何の解決にもならないのは自明である。

これらの反日勢力こそ、「アベノミクス」を阻む巨大な最悪の敵――「トクアノミクス」

という怪物なのである。

トクアの本質――大震災追悼式を欠席する三カ国

〈トクアノミクス〉とは、前述したように、〈特定アジア〉に由来する言葉で、それはまさに〈特殊なアジア〉であり、〈普通のアジア〉ではない三カ国が常に日本に圧力をかけ、日本を弱体化させるシステムということである。

では、何が普通で何が特別なのか？　普通のアジアというのは、日本との関係を普通にとらえている国々であって、アジア約数十カ国のうちほとんどがそうである。だが、この三カ国だけがそうではない。日本を普通の国として捉えられず、普通に外交関係を結べず、常識的な付き合いができない国々なのである。

支那、韓国、北朝鮮の三カ国が日本に対して非常に強い干渉力を持っていることが多くの人に認知され始めたのは、二〇〇二年日韓ワールドカップであった。また、同じ年の小泉訪朝で、「どうも普通の国と違うんじゃないか」と、人々が特定アジアの本質に気づき始めたという背景がある。

よくよく考えれば、靖国参拝や教科書問題に抗議しているのも支那と南北朝鮮だけであり、かつて日本が韓国と同じように統治していた台湾とも際立った違いを見せている。それらのことが周知されてきて、ここ十年ほどで〈特定アジア〉という言葉が盛んに使われるようになってきた。

この三国の特殊性は、三月十一日に行われた東日本大震災二周年の追悼式を見れば、よくわかる。この式典は天皇皇后両陛下、すなわち日本の国家元首がご臨席し、世界各国大使、ならびに公使クラスが主賓として招かれるという格式の高い追悼式だったわけだが、なんと、支那、南北朝鮮の三国だけが出席しなかったのである。北朝鮮の場合、国交がなく大使館もないので仕方ない部分はあるが、支那の場合は、台湾を国賓として扱ったことに反発して欠席。韓国に至っては、理由もよくわからないままで、「事務的なミス」、「FAXが英文だったから捨ててしまった」などの理由が報道されて、挙句の果てには「確認しなかった日本が悪い」と責任転嫁する始末だった。これだけをとってみても、他国と比べていかに〝特殊〟なのかがお分かりであろう。

彼らに共通するのは、支那、韓国、北朝鮮のいずれも、「第二次大戦において日本と関わった地域である」という点である。支那は日支事変の戦場であったし、朝鮮半島は日本に一九一〇年から併合されていた。そういう歴史的背景を外交カードにして、全てが二国間の国際条約を経て正常な関係になっていなければならないのに、日本への干渉をどんどん強めていった。

ところが、第二次大戦で戦場になったのは、インドをはじめビルマ（ミャンマー）、ベトナム、インドネシア、フィリピンなどアジアの広範囲に及んでいる。中には激戦地となった場所もある。にもかかわらず、それらの国々とはごく普通の外交関係を結んでおり、逆に親日的で友好的な国が多いのである。また、台湾は朝鮮半島同様日本が統治を行っていたが、世界一の親日国として知られている。それには、日本の統治が欧米の植民地政策とまったく違っていたという点が大きく関係している。

欧米と異なる日本の植民地政策

欧米の植民地支配の目的は、搾取と収奪である。住民を政治に参加させたり教育したり、生活向上のためにインフラを整備するような、植民地を豊かにするという概念は皆無だ。政策を遂行するため語学教育を施す程度で、すべては搾取のためである。その名残で、いまでもベトナムではフランス語が公用語になっているし、インドやフィリピンは英語が公用語になっている。

しかし、日本が行った韓国併合は、一九一〇年に結ばれた国際条約による国と国との合併であって、侵略ではない。当時の大韓帝国で、李完用という政治家を中心に「一進会」という組織が「韓日合邦建議書」を起草した。これは韓日合邦を要求する声明書で、一〇〇万人の署名活動を行い、併合に至っている。そういう意味では、むしろ台湾のほうが植民地といっていいかもしれない。日清戦争後、一八九五年に下関講和条約で台湾は清から割譲され日本の統治下に入った。当時は清からも「化外《けがい》の地」と蔑まれた未開拓の島だったが、日本がインフラを整備し教育を施すことで、欧米も目を丸くするほどの奇跡の発展を遂げたのである。

今年開催されたＷＢＣ（ワールド・ベースボール・クラシック）を見れば、日本に対する台湾の好意は一目瞭然で、日台両チームがお互いを尊重する真摯な態度に、多くの視聴者が感動せずにはいられなかった。しかし、朝鮮の反応はまるで違う。もう有名な話だが、震災の義捐金が三〇〇億円にのぼり世界一になった台湾と極端に少なかった韓国との対比は象徴的だった。しかも、韓国はその八割を日本に渡さず、竹島の守護活動に横流しするとは、やはりどう考えてもおかしい。

支那の場合は、日本と戦争したという事実があるが、近年、これを逆に利用して、南京大虐殺をでっち上げるなど、外交カードとして用いるようになっている。一九九〇年代から見ていて恥ずかしくなるような反日教育と反日プロパガンダの映像を毎日国営放送で流し、日本を極端に敵視する洗脳政策をとっている。そういう意味で、支那と南北朝鮮は、非常に特殊なアジアなのである。

トクアの歴史的背景

では、なぜそれらの地域だけが特殊なアジアになったのかを考えたとき、〈儒教文化圏〉であるということがいえるだろう。日本の文化圏（敢えていうなら〈神道文化圏〉と呼ぶべきと私は思うが）とは、明らかに違う。儒教文化圏で、なおかつ中華思想という排外主義的な、非常に右翼的な感性が根づいている地域であり、支那の歴史を正しく解釈するなら、二〇〇〇年もそういう意識が支配していたことになる。朝鮮半島は、その中華思想を受け継いだ、小中華思想と呼ばれるものがあって、大中華に事大していれば自分の地位も保たれるという思考が、遺伝子レベルで組み込まれている一面があるだろう。

加えて、中華思想には「冊封体制」という言葉があるように、中華が周囲を冊封していく、すなわち属領として支配していくという概念が根強い。それは秦の始皇帝から、まさに支那の誕生から始まり、元（モンゴル民族）、清（満州族）、中華人民共和国（漢民族）と時代により民族は移ろいながらも、常に同様の行動をとり続けてきたことからも明らかで、とくに朝鮮半島は古代から中華の属領であることをアイデンティティとしてきたことからも、主従関係とでもいうべき密接な関係ができあがってしまっている。

その中で、日清戦争で日本が勝利したという事実は、古来からのアジアの秩序であった華夷秩序を壊したことになる。つまり、冊封体制を破壊してしまったのである。その結果、朝鮮が支那から独立できたのは言うまでもないだろう。

そもそも日本は、聖徳太子が隋の煬帝に国書を送った時から冊封体制を逃れている。

「日出ずる処の天子、書を日没する処の天子に致す。恙無《つつがな》しや」

この国書を見た煬帝が怒り心頭に発したという逸話があるが、すでに七世紀の半ばで日本は独立宣言をし、その時点で冊封から外れていた。

確かに、それ以前もその後も、支那から仏教が伝わったり、文化の流入は続いたが、それは日本が地政学的に、一種の吹きだまり的な場所にあるからで、ユーラシア大陸で発生したものはすべて、それこそ黄砂やＰＭ２・５に至るまで日本列島にやってくる。そういう日本の特殊性と、支那、南北朝鮮の違いはハッキリしている。あくまで冊封体制の中にいた儒教文化圏の特定アジアと、古代から独立宣言をして冊封から外れた日本――そう考えると、分かりやすいのではないか。

皮肉なことに、儒教文化圏ではすでに儒教は形骸化してしまい、儒教の文化や精神がいちばん根づいたのが、じつは日本である。儒教文化圏という言葉は、あくまでも「文化圏」という意味で定義したものであり、儒教の文化があるという意味ではない。儒教が生まれた支那では跡形もなく廃れているが、それに比べれば、韓国はまだ形式的に儒教文化が残っているといえる。個人的な経験で言えば、二〇〇二年の日韓ワールドカップで、スタジアムの外で車座になって入場を待ちながら酒盛りを始めたグループがいて、誰よりも先に一杯飲もうとした日本人が怒られたことがあった。そのような場面では年長者からでないと韓国人は決して口をつけないのだ。文化の名残りとして、一種儒教的な風習が残っているのである。

千年遡《さかのぼ》って実行された脱亜論

日本が聖徳太子の時代に冊封体制を逃れて以後、遣隋使はいろいろ教えを乞う中でも対等な関係であり、それは遣唐使になってもそうだった。隋や唐から一方的に文化文明を持ってくるだけでなく、日本の文化も伝わっていたのである。

その上、平安時代の八九四年、菅原道真の時代には遣唐使を廃止している。それは、日本がもうこれ以上、唐と交流しても意味がないことを自覚したからこそできたのであって、ある意味、福沢諭吉の『脱亜論』から千年近く遡って行われた菅原道真の〈脱亜論〉でもあるのだ。

付け加えておくと、奈良時代には、東大寺の大仏建立という一大国家プロジェクトがあったが、ここでも世界へ向け強いメッセージが日本から発信されている。記録によれば、この大仏殿の開眼式典に、世界中という語弊があるが、天竺（インド）などの近隣アジア諸国から来賓が招待されている。各国の前で大仏建立をアピールすることは、唐からの独立をいっそう強く宣言する意味合いがある。というのも、当時の唐では仏教はすでに形骸化しており、東の果てで仏教の総本山を宣言することで、支那に対して一定の距離感を保つとか、日本としてのアイデンティティーを見せつけたことにもなる。

サミュエル・ハンティントンが『文明の衝突』で述べているように、「東アジアの中でも日本が独自の文化を形成していた」というのはこういう背景があるからで、トゥインビーやフランスの構造主義文化人類学者のレビ・ストロースも同様の意見を述べている。

トクアの反日主義

反日〝三本の矢〟

ここまでで文化的、歴史的背景による「特定アジアの異質さ」が理解できたと思うが、では、なぜこれほどまでの怪物になっているかというと、彼らが普通とは違う、とてつもない反日的観念に凝り固まっていることが問題なのである。

日本に非があり、「その非を認めろ」というなら道理もわかるが、非がないにもかかわらず、やることとすべてに文句をつけたり、ひいては、何もしなくても因縁をつける――そういう異様な反日的観念が存在する。

その傾向があからさまになったのが、天安門事件（一九八九年六月四日）以後である。

この年の終わり、冷戦が終結するわけだが、天安門事件の中国共産党の野蛮な虐殺に対して、西欧諸国がみなそっぽを向いた。孤立して支那が非常に困っていた時期に、なんと、日本はとんでもないことをしてしまった。あれがすべての間違いで、日本が特定アジアからの反日攻撃に曝されたすべての源といっても過言ではない。それは一体何だったのか？中国共産党が四面楚歌になって苦しむ中、あろうことか、天皇陛下のご訪中を政治プログラムに乗せて実現させてしまったことである。あの動きは明らかに中国共産党による対日工作の結果であり、日本の政界がまんまと乗せられてしまった。

思えば、九〇年代初期の出来事は酷いことばかりで、「天皇陛下のご訪中」に「河野談話」、「村山談話」の三点セットが揃い、反日〝三本の矢〟となって、その後日本を継続的に弱体化させることに成功するのである。中でも、天皇陛下のご訪中は、四面楚歌だった支那が日本と関係を開いたことで西側諸国との冷え込んだ関係を元に戻す方向へ持っていくことができた。しかも、日本を利用するだけ利用して、毎年、巨額のＯＤＡ援助を受けながら、一方で江沢民国家主席が〈愛国教育〉という名の徹底した反日教育を開始するのである。

困っているときに手を差し伸べた相手を平気で裏切り、後ろから刺す――それはある意味、支那人の本質でもある。これを江沢民は忠実に実践し、愛国教育という名にすり替えられた、実質的な反日教育がいまに至るまで続けられている。これは非常に危険で、歪んだ教育が無分別な反日分子を大量生産し、来日する支那人を簡単に犯罪予備軍に仕立ててしまうのである。

韓国の場合はもっと異様で、反日教育にさらに小中華思想がブレンドされている。戦前の日韓併合時代は日本に事大し、日本人とともに第二次大戦を戦ったにもかかわらず、日本の敗戦を境に手の平を返すように自分たちは日本を相手に戦ったかのようなことを平気で言い始める。そういう精神構造自体おかしいのだが、これには韓国初代大統領に李承晩を据えたことも大きく影響している。李承晩は反日意識で凝り固まったような男で、李承晩の大統領就任は、じつはアメリカの思惑が多分に関与していた。

それは欧米諸国が植民地支配でよく行う策略で、植民地を独立させるとき、周辺国との間にわざと火種を残しておくのである。イギリスがインドの独立を認めざるを得なくなったときも、パキスタンとバングラデシュをわざわざ分離させてから、独立を許す。独立後の反撃を許さぬよう、敢えて紛争の種を蒔いておくのである。イギリスの公共放送ＢＢＣ

のホームページに、南京大虐殺のコーナーが恒常的に設置されているのも狡猾な策略の例で、英国が支那人を大虐殺したアヘン戦争から目を逸らすために、捏造の南京大虐殺を利用しているに他ならない。

そういう策略のもと、戦後六十年間で韓国の反日主義はどんどん培養され、一種カルト的な、もはや宗教とでもいうべき領域までいきついてしまっている。

反日三本目の矢、村山内閣総理大臣談話

以下、資料として村山談話を掲載する。

《戦後50周年の終戦記念日にあたって

先の大戦が終わりを告げてから、50年の歳月が流れました。今、あらためて、あの戦争によって犠牲となられた内外の多くの人々に思いを馳せるとき、万感胸に迫るものがあります。

敗戦後、日本は、あの焼け野原から、幾多の困難を乗りこえて、今日の平和と繁栄を築いてまいりました。このことは私たちの誇りであり、そのために注がれた国民の皆様1人1人の英知とたゆみない努力に、私は心から敬意の念を表わすものであります。ここに至るまで、米国をはじめ、世界の国々から寄せられた支援と協力に対し、あらためて深甚な謝意を表明いたします。また、アジア太平洋近隣諸国、米国、さらには欧州諸国との間に今日のような友好関係を築き上げるに至ったことを、心から喜びたいと思います。

平和で豊かな日本となった今日、私たちはややもすればこの平和の尊さ、有難さを忘れがちになります。私たちは過去のあやまちを2度と繰り返すことのないよう、戦争の悲惨さを若い世代に語り伝えていかなければなりません。とくに近隣諸国の人々と手を携えて、アジア太平洋地域ひいては世界の平和を確かなものとしていくためには、なによりも、これらの諸国との間に深い理解と信頼にもとづいた関係を培っていくことが不可欠と考えます。政府は、この考えにもとづき、特に近現代における日本と近隣アジア諸国との関係にかかわる歴史研究を支援し、各国との交流の飛躍的な拡大をはかるために、この2つを柱とした平和友好交流事業を展開しております。また、現在取り組んでいる戦後処理問題についても、わが国とこれらの国々との信頼関係を一層強化するため、私は、ひき続き誠実に対応してまいります。

いま、戦後50周年の節目に当たり、われわれが銘記すべきことは、来し方を訪ねて歴史の教訓に学び、未来を望んで、人類社会の平和と繁栄への道を誤らないことであります。

わが国は、遠くない過去の一時期、国策を誤り、戦争への道を歩んで国民を存亡の危機に陥れ、植民地支配と侵略によって、多くの国々、とりわけアジア諸国の人々に対して多大の損害と苦痛を与えました。私は、未来に誤ち無からしめんとするが故に、疑うべくもないこの歴史の事実を謙虚に受け止め、ここにあらためて痛切な反省の意を表し、心からのお詫びの気持ちを表明いたします。また、この歴史がもたらした内外すべての犠牲者に深い哀悼の念を捧げます。

敗戦の日から50周年を迎えた今日、わが国は、深い反省に立ち、独善的なナショナリズムを排し、責任ある国際社会の一員として国際協調を促進し、それを通じて、平和の理念と民主主義とを押し広めていかなければなりません。同時に、わが国は、唯一の被爆国としての体験を踏まえて、核兵器の究極の廃絶を目指し、核不拡散体制の強化など、国際的な軍縮を積極的に推進していくことが肝要であります。これこそ、過去に対するつぐないとなり、犠牲となられた方々の御霊を鎮めるゆえんとなると、私は信じております。「杖るは信に如くは莫し」と申します。この記念すべき時に当たり、信義を施政の根幹とすることを内外に表明し、私の誓いの言葉といたします》（平成七年八月十五日）

反日原理主義とは何か

こうした支那、韓国の反日主義を考えるとき、嫌いとかアンチという言葉では説明できない、得体のしれない何かが根底に横たわっているように感じる。日本が何をしようがその成果には関係なく、すべての思考の基準は反日であって、それ以外は認めない――いわゆる反日ありきの反日原理主義が見てとれるのである。拙著『「反日」の構造』（小社刊）の中で私は「反日ファシズム」という言葉を使っているが、反日原理主義は反日ファシズムと同義であり、世の中の日本的なもの、思想、文化、歴史、ひいては国民一人ひとり、そして国家のすべてを拒絶し、抹殺していこうという、ナチスのユダヤ人虐殺の思考回路と非常に類似しているところがある。

でなければ、旭日旗の存在を許さないとか、アニメ放送で和服にモザイクを入れて見えなくするとか、日の丸弁当を見ただけで不快になるなどという反応にはならないのではないか。

韓流タレントが日本武道館でコンサートを開くとき、必ず天井に巨大なシーツが張り巡らされるのをご存じだろうか？　演出のためか、それとも特殊効果のため？　いや、あれは韓国内でコンサートの報道をするため、映してはいけないものを隠す〝目隠し〟である。武道館には、天井に常時、日の丸が掲揚されており、その画像をフォトショップなどで加工修正し、日の丸を真っ白な布に替えてしまっているのである。そんなおかしいことが平気で罷り通っているのが韓国の反日原理主義なのである。

そういう意味でも韓国の反日原理主義は、もはや反日アスペルガーとでもいうべき、精神のレベルまで達しており、それがサッカーの日韓戦での常軌を逸した反応や盗んだ仏像を返さないといった異常行動に表出してくる。とくにスポーツでは、政治信条やイデオロギーを排除した純粋な部分が透けて見えるため、韓国人の特異性がより際立ってくるのである。

昨年のロンドンオリンピックでも、トラブルの多くは韓国絡みのものだった。柔道・海老沼戦での疑惑判定、フェンシングで判定に不服の韓国選手が座り込んで進行を遅らせる、サッカースイス代表選手へのサイバー攻撃で「韓国人は頭がおかしい」と差別発言を誘発させ選手が追放になった事件、等々。食堂の営業妨害やストーカー行為で選手村を追放されたのも韓国選手団だった。それがいまや世界中に知られてきて、先のＷＢＣ台湾―韓国戦では、球場内で大バッシングが吹き荒れ、当の韓国選手たちだけが原因を見出せずにいたようだ。

不思議なことに、同様に反日主義の支那には、韓国ほどの異様性はない。旭日旗をイメージした衣装を身にまとった支那人女優に国内から非難が集中したことがあったが、政治的反応に終始するものだった。

トクアコネクションの恐怖

連携するトクア

前章で、トクアノミクスの反日主義は原理主義の形態をとっていることが問題と述べたが、恐ろしいことに、この三国は互いに反目する部分があるにもかかわらず、反日という共通の目的において、共闘する。とくに歴史問題で結びつき、フォーメーションを組んで反日包囲網を形成する。「宮沢談話」での教科書記述問題では、支那の抗議に韓国が便乗する形で、「近隣諸国条項」を出させる成果を上げている。

昨年の国連総会でも同様のことがあり、尖閣問題で日本の尖閣諸島国有化を非難した支那に韓国が同調し、歴史問題で日本に反省を求めるというお定まりの非難を、十年一日のごとく繰り返す一幕もあった。

韓国は一九九九年に世界の歴史学会で日本による日韓併合は侵略であるという従来の主張を持ちだしたことがある。このとき、世界的に問題となり多くの国際法の権威や歴史学者たちが議論を戦わせた。その結果、韓国側の主張は退けられ、日韓併合は条約による併合であり侵略ではないという結論が出たのである。

にもかかわらず、韓国はその後も十四年にわたって同じことを繰り返し、繰り返し、ことあるごとに訴え、米国メディアでは「日本による苛酷な植民地支配」という言葉が日本と韓国の関係を表す枕詞になってしまったのである。

また、ネットでは話題になっているが、民主党の歴代三首相は水を飲むときに、みな「朝鮮飲み」をする「韓国飲み三兄弟」として、ネット掲示板の「2ちゃんねる」や様々なブログでは写真つきで解説されている。

「朝鮮飲み」とは、水を飲むときに、口元を手で覆い隠す朝鮮民族の作法である。ペ・ヨンジュンがこの方法で水を飲んでいるのをネットで見たことがあるが、日本人であれば、口元を隠すことなど、まずありえない。比較として、安倍晋三首相が水を飲む写真も掲載されていたが、ごく普通に片手で豪快に飲んでいる。

鳩山由紀夫氏、菅直人氏、野田佳彦氏がなぜ朝鮮飲みをするのか、憶測での言及は避けるが、機会があればぜひ理由を聞いてみたいものである。

韓国

韓国が現在抱える問題について、五月上旬にこんな記事がネットメディア「JBプレス」に掲載された。

《あり得ないことが起きる？　日韓の経済成長率逆転か
IMF危機以来15年ぶり、韓国経済界に激震

これも「アベノミクス効果」なのか。韓国の政府、産業界で「2013年の経済成長率で日本に抜かれる可能性がある」ことが大きな話題になっている。政府は景気対策を急ぐが、産業界では「ウォン高・円安の影響が出るのはこれから」と戦々恐々だ。

2013年5月18日、韓国の高度経済成長の立役者の1人だった南悳祐（ナム・ドクウ）元首相が89歳で死去した。南氏は、経済学者出身。朴正煕（パク・チョンヒ）元大統領が1969年秋に財務部長官に起用した。

5年間務めた後、1974年秋に副首相兼経済企画院長官に就任し、さらに朴正煕元大統領が暗殺されるまで大統領経済特別補佐官を歴任した。

「漢江の奇跡」の立役者の死と1～3月期GDP統計の衝撃

南氏は「漢江の奇跡」と呼ばれる韓国の超高度経済成長政策の企画立案、実行の実務責任者だった。ソウル～釜山（プサン）間の高速道路建設など社会インフラの整備や重化学工業育成政策、さらに中東への韓国企業の進出などを実行した人物だ。

全斗煥（チョン・ドファン）政権でも首相を務め、政権発足後の国内の混乱や石油ショックの影響を乗り越え、韓国を先進国に導いた立役者である。

南氏こそ、「ドクター（米オクラホマ州立大経済学博士）高度成長」だった。

もちろん、朴正熙元大統領の長女である朴槿恵（パク・クネ）大統領を強く支持してきた。2月の大統領就任式で「漢江の奇跡を再び」と繰り返し強調した朴槿恵大統領も、父親の時代からよく知っている南氏を政策ブレーンの中でも「元老役」として重用した。

そんな南氏だけに、生前最後の心配事も「韓国経済」だったに違いない。

5月20日付の「毎日経済新聞」の社説は、1本目が「『漢江の奇跡』南悳祐元総理を称える」だ。生前の功績を整理した内容だが、そのすぐ下の2本目の社説は「韓日経済成長率逆転の危機」というタイトルだった。（中略）

「1人当たりGDPで日本をいつ抜くか」で沸いていたのに……

つい数カ月前まで、韓国では「1人当たりGDPでいつ日本を抜くか」が話題になっていた。

IMFが2012年に、あくまで購買力平価ベースとしたうえで、「2017年に韓国の1人当たりGDPが日本を上回る」という予想を出したこともあり、シンクタンクなども競ってこうした統計予測を出していた。

ところが、このIMFの予想も最近になって「早ければ2019年」と修正になった。日韓の2013年の経済成長率が実際にどうなるのかは、まだ分からない。両国の成長率はともに3％を下回る水準で、それほど胸を張れることでもなかろう。

だが、同じ3％以下でも、日本の場合は、長年のデフレから脱却する兆候が出てきたのかもしれないという期待を抱かせる内容だ。

これに対して、韓国では、「かつての日本型の長期デフレに陥る始まりではないのか」という懸念があり、同じような値でも産業界や国民が受け取るイメージはかなり異なる。

もちろん、朴槿恵政権も、韓国が長期低成長に陥ることを黙って放置するはずがない。追加予算の編成や企業による投資促進策などを今後相次いで打ち出すはずだ。

韓国政府の経済対策にも限界か

それでも、「ウォン高・円安の本格的な影響はこれから」という声は産業界では根強い。政府の対策がどこまで効果を上げるかも未知数だ。

先に紹介した毎日経済新聞の社説も「富裕層がお金を使うようにすべきだ」が結論だ。新政権発足後、経済民主化、公正取引委員会の機能強化、税務調査強化など「金持ちを萎縮させる」政策が多いことへの不満を表明している。

かなり荒っぽい議論だが、こういう意見が出てくること自体、対策に限りがあることの表れかもしれない。

韓国にとって、「日韓逆転」はそれほど衝撃的なのだ》

(http://jbpress.ismedia.jp/articles/-/37821)

話題になったが、非常に分析が甘い記事だった。まず、南悳祐元首相に言及するなら、漢江の奇跡そのものが日本の経済援助なしではできなかったこと。さらに、日本統治時代の日本の善政によって培われた民族資本の蓄積、インフラが高度成長の前提にあったことが書かれていない。

そういう視座から、常に日本の影として存在してきた韓国の連合国(国連)加盟後の経済成長を捉えないと、現在の韓国の危機に迫れない。日本が失われた二十年から脱しつつある現在の過程は、冷戦崩壊後にも日本の自立を妨げてきた色々な要因を、安倍晋三首相が破壊しようとしていることの表れである。

明治維新や戦後の高度成長と並ぶ、そんな大きな歴史的な変革期に日本があることが重要なのである。ところが、韓国は相も変わらず、時代錯誤な歴史カードを日本に切る。特定アジア特有の靖国参拝と慰安婦をカードに切る日本批判も、日本人はもう真実を知っていて何の有効性もない。それよりも、韓国はいま、李朝時代の冊封体制に入るかどうかの瀬戸際であり、その是非が真剣に韓国人に問われている課題なのである。

「李明博大統領の竹島上陸と天皇土下座要求」

李明博による昨年8月10日の竹島上陸から同14日の天皇謝罪発言までの一連の行動は、3つの問題をはらんでいる。

・現役大統領の初の竹島上陸
・天皇への侮辱行為
・マスコミによる自主規制

李明博は大統領という立場もわきまえず、実効支配を続ける竹島へ上陸するという愚行を犯した。後の記者会見で「日本の右傾化に歯止めをかけるため」と発言しているが、ロンドン五輪でサッカー日韓戦がある日をわざわざ選んだことからも、保身のための行動であるのは明白である。当時は尖閣諸島の国による買い取り検討で領土問題がクローズアップされており、絶好のアピールと踏んだのであろう。サッカーの試合でも、プラカード問題が起きており（政府関係者が渡した疑惑がもたれている）、無関係とは考えがたい。

その4日後、保身に忙しい李明博は、あろうことか、天皇陛下を侮辱する暴挙に出た。

韓国の大学の講演で天皇が謝罪するなら訪問してもよい、と言い放ったのである。日本のメディアでこの一報が流れたとき、さすがのお花畑サヨクの人々の間でも嫌韓ムードが高まったが、驚くべきは、李明博の発言が侮蔑を極めており、それがそのまま流されなかったのである。以下は、実際の発言である。

「天皇が足を縛って跪いて土下座するなら、訪問してもいい」

「足を縛って跪いて土下座しろ」の部分が、日本の報道では単なる「謝罪」と修正されている。なぜ天皇陛下を侮蔑するような発言を日本のメディアがかばい立てするのか、はなはだ疑問である。

反日カルト国家の韓国では、日本を叩けばどんな落ち目の政治家も人気が出る傾向があり、それを狙った暴挙だったのだろう。李明博自体、任期切れ間近で、歴代大統領経験者の御多分に漏れず、身に迫る検察捜査の目を逸らしたい目論見があったと思われる。だが、天皇を侮辱するという、越えてはいけない一線の匙加減すらわからなかった愚者の残した遺恨は果てしなく大きい。

「親日派糾弾法」という日本人差別

盧武鉉大統領時代の二〇〇四年に、信じられない法律が韓国国会で成立した。「反民族行為者財産の国家帰属に関する特別法」、別名「親日派糾弾法」といい、日韓併合から併合時代も含めて、つまり三十五年間の日本統治時代に日本に協力した人間は、その子孫の財産を全部、没収するという、時代錯誤も甚だしい悪法である。中世や古代ならともかく、この様な事後法が制定されるということが、まず近代国家ではあり得ない。事後法とは簡単に言えば、現時点でたとえば禁酒法が制定されたとして、過去に禁酒法を破った人間をいまできた法律で裁くというものだ。それも過去に遡って日本に協力した人間の子孫にまで罪を被せるという、常軌を逸した差別感覚だ。さすがに適用された韓国人も、裁判を起こしている。

韓国人は、対日本に限らず、世界中どこでもすぐ差別、差別と大声で叫ぶが、差別感覚が強い人ほど、意識過剰になってしまっているのではないか。差別感覚のない人、差別的でない人というのは、あまり差別を意識しないものである。差別を糾弾する一方で、アメリカでは、在米韓国人の黒人、ヒスパニックに対する差別が問題視されている。国民性として差別感覚が強いからこそ、こういう法律ができても不思議ではないかも知れない。

この「親日法」が悪法といわれる一番の理由は、前述のように事後法であるということである。例えば、一九一〇年以前に併合を促進した韓国人、一進会の李完用がそうだが（現在、韓国では売国奴扱いされているが）、彼は百万人の署名を集め、朝鮮滅亡を救う道はこれしかないと、李朝を打倒して日本に倣った「維新」を目指した愛国者である。そういう国のために尽くした開化派の人物を、当時の状況もわきまえず、親日という一点で罰するのだ。さらに韓国では、統治時代に日本に協力した人間をリストアップし、「親日人名辞典」なる容疑者リストを作成して親日法の適用を進めている。呆気にとられたのは、朝鮮戦争の英雄だった白善燁将軍までそのリストに名前が挙げられたことである。親日であれば、英雄だろうが何だろうがみな犯罪者になる。ならば、日本の士官学校を出た朴正煕元大統領（朴槿恵現大統領の父）や、朴槿恵現大統領はどうなるだろう。

今年三月八日の国会衆議院予算委員会で、日本維新の会の中山斉彬《なりあき》議員の質問が、ネットで大評判になった。

「いま日本人の子供たちが海外でいじめられてるのを知ってますか？」

そんな問いかけで始められた教育問題に関する質問で、日本の子供が慰安婦を強制連行するような酷いことをした子孫だと苛められている、それは捏造史観に起因するものだと、次々に資料を提示し、当時の日本統治下の朝鮮の公務員、警察の長たちの八割が朝鮮人だったと顔写真つきで公開した。その「You Tube」の映像をＮＨＫが直ちに削除したのだが、よほど国民に知られたくない事実があったので特定アジア寄りの報道をする日本メディアの配慮があったのかなどの様々な憶測を呼んでいる。

原理主義が行き過ぎたために、すべての物事において反日が優先し、親日であれば真実を捻じ曲げてでも鉄格子の中へ送り込む――韓国の反日アスペルガーはここまできている。

ここで「親日法」の裁判で原告敗訴の判決記事が報道されているのでご紹介しよう。

《「財産没収は公正」…最高裁でも親日派の子孫が敗訴＝韓国

韓国の最高裁判所は13日、親日派ソン・ビョンジュンの子孫が国を相手取って所有権登記抹消を求めた裁判で原告敗訴の判決を下した。最高裁は、「親日反民族行為者が朝鮮総督府から受け取った親日財産は国家所有と判断したのは公正」とした。韓国メディアが相次いで同話題を報道した。

訴訟の対象になったのは仁川にある米軍基地の約半分を占める13万平方メートル、公示価格で約２５００億ウォン（約１８６億円）に上る土地だ。１９２３年に没収され、国の所有になった。２００２年ソン氏のひ孫は「土地の所有権が国にあるとする旧土地台帳と林野台帳は偽造されたもの、あるいは事後に作成されたもの」として、国を相手に所有権登記抹消を求める訴訟を起こした。

しかし、05年の11月に行われた1審に続き、09年2月の2審でも「親日反民族行為者の財産を国家帰属に関する特別法は憲法に違反しない」として原告敗訴の判決が下った。

韓国で親日派の財産を没収する根拠となっているのは「親日反民族行為者財産の国家帰属に関する特別法」という法令だ。日露戦争から1945年まで親日行為により取得したとされる財産を国家帰属にして、没収を行った。親日派の子孫らは財産没収に不服、今でも多くの裁判が行われているが、そのほとんどが敗訴・棄却されている。

韓国メディアが伝えるソン氏の親日行為は「日露戦争時に日本軍の通訳を務めた」、「親日団体である一進会を創設」、「1907年のハーグ特使事件当時高宗皇帝の退位を要求」などがある。「親日行為に先頭にたった」として、子孫が土地の返還を求めるのは「ずうずうしい」と批判するメディアもある。（編集担当：金志秀）》

北朝鮮

金日成が偽物であるという話はご存じだろうか？

当時の抗日ゲリラに金日成という男が別に存在していて、ソ連共産党に抱えられていたただの盗賊で、偽の金日成をコミンテルンが送り込み、そのまますり替わった。佐藤守氏が書いているが、日本人だという説もあるくらいである。

それは別として、金日成が偽物とはいえ、北朝鮮には「大韓帝国を引き継いでいるのは自分たちだ」という強いプライドがある。韓国も、大韓帝国を引き継いでいるのは韓国なんだという意識をしっかり持てば、いまのようにはならないはずなのだが、歴史の縦のつながりが潰えてしまっている、というか、自分たちが李朝を見殺しにしてしまった部分がある。よって、偽物といえども日本と戦ったという背景があるので、南朝鮮は米国の傀儡だ、本流は自分たちが受け継いでいるんだという強い意識が北にはある。

北朝鮮については管制された情報しかなく、朝鮮労働党の見解が伝わるのみで実情が掴みにくいが、稀に別ルートでの情報を得ると、まったく逆の話が出てきたりと意外な話に驚かされる。

いまから十年前、十代で脱北し朝鮮日報の記者をして現在北朝鮮問題研究家となった姜哲煥（カン・チョルフン）氏から聞かされたのは、

「北朝鮮の人民はみんな親日だ」

という驚くべき事実である。みんな日本が好きで憧れていて、なんと、親米でもあると。むしろ韓国へきて、

「なんでこんなに反日なんだ」

と驚いたという。この話には、笑いごとではすまされない複雑さが潜んでいるように思う。

北朝鮮の問題としては、従軍慰安婦があるが、これも複雑で、主張を共にする韓国と歩調を合わせる、というより、韓国に入った北朝鮮の工作員が親北朝鮮勢力と組んで事を企て、なおかつそこに韓国の右翼が加わるという、理解不能な捻じれが生じている。なので、ここでは拉致に絞って、テロ国家の問題を浮き彫りにしたい。

「ダニエル・イノウエ上院議員の発言」

政府認定の拉致被害者は17人であるが、実体はその何十倍もいるといわれている。特定失踪者問題調査会が出しているリストだけでも約400人いると想定されるし、民主党政権時代に、

「警察は拉致被害者を何人と想定しているか？」

という質問主意書が提出されている。それに対しての回答が政権交代後の安倍政権で出てきており、その数が８００人以上と、特定失踪者問題調査会の数字のほぼ倍になっている。警察の情報と特定失踪者問題調査会のリストとの照合は行われておらず、詳細は不明だ。だが、まだ公にされてはいないが、警察が独自のリストを所持しているのは確実だ。

なぜこれほど数字に開きがあるのか？　政府の17人に対して警察が８００人、この差はすでに誤差の範疇を超えている。政府が正式に北朝鮮の拉致について公表したのが１９９７年。実はこれ以前から、政府は拉致の事実を把握していたにもかかわらず、拉致を認めたくないなんらかの意図が働いていたのではないか？

その答えが、アメリカのダニエル・イノウエ議員の証言から、おぼろげながら見えてくる。

ダニエル・イノウエ議員は日系2世でハワイ選出の上院議員で、残念ながら、昨年88歳で亡くなった。20歳のとき、第４４２連隊で欧州戦線へ出兵し、戦闘で右腕を失っている。イノウエ氏の所属した日系人部隊第４４２連隊は、凄惨な戦いを強いられたことで知られる。３００人の捕虜を救うため、アメリカから捨て駒にされながらも、任務を果たすために必死で戦った。後にトルーマンが表彰し、勲章が授与されているが、これは一種の偽善である。日系人をひとつの部隊にまとめること自体、差別であって、それを指摘する人がいないというのもおかしなことである。

話がそれたが、そのダニエル・イノウエ議員が2年前、「拉致被害者を救う会」と同時に渡米していた政府の国会議員団、拉致議連らとの会見で、はっきり証言している。以下は、２０１１年7月15日付産経新聞に掲載された古森義久記者による記事である。

《「北朝鮮による日本人拉致事件の「家族会」「救う会」「拉致議連」の合同訪米団は13日、米国上院の仮議長で最古参のダニエル・イノウエ議員（民主党）と会談したが、同議員は米国当局が北朝鮮による日本人拉致事件の情報を事件後まもない１９７０年代末ごろからつかみ、同議員自身が北朝鮮訪問の際に北側に詰問したことを明らかにした。

（ダニエル・イノウエ上院議員）

合同訪米団の松原仁衆議院議員らによると、現在、上院歳出委員長でオバマ政権にも影響力の大きいイノウエ議員は日本側の拉致関連代表と初めて会談し、北朝鮮工作員による日本人拉致には長年、関心と知識をもち、その解決を願ってきたことを告げた。

（松原仁議員）

イノウエ議員はそのうえで自分が上院情報特別委員長を務めていた79年ごろから83年までの時期に同委員会として北朝鮮を訪問した際、北側に対し、日本人拉致問題を提起し、詰問したが、北側は犯行を否定したことを明らかにしたという。

松原議員らによると、イノウエ議員は米側当局が独自に北の日本人拉致を知っていたことを明かし、「日本政府も知っていたと思うが、追及する関心がないようなので外交儀礼上、そのままにした」と述べた。

日本政府が北朝鮮による日本人拉致の「容疑」を公式に発表したのは97年5月で、それ以前は一部の高官の個別の言明を除いて事件追及の姿勢はとらなかった。横田めぐみさんらが拉致されたのは77年で、イノウエ議員の言明によれば、米国の政府や議会は北朝鮮の犯行をその数年後には確実に知っていたことになる。

イノウエ議員は米側がその情報を日本政府に直接、伝えたとは明言しなかったが、「日本政府も知っていたと思う」という表現で通報の可能性を示唆した。その場合、日本政府は米側からも北朝鮮の犯行を知らされながら、明確な行動を長年、取らなかったことになる。

松原議員は14日のワシントンでの記者会見で、イノウエ議員のこうした発言の内容を明らかにし、日本政府が北朝鮮による日本人拉致を知っていながら、放置した事実について「今後われわれが失地回復に努めたい」と述べた」》

つまり、イノウエ議員は、日本政府が発表する十八年も前の、一九七〇年代末から北朝鮮の日本人拉致について把握していたのである。七〇年代末といえば、七七年にダッカ事件が起きている。ハイジャック犯の要求に対し、当時の自民党福田赳夫内閣は「人命は地球よりも重い」として超法規的措置により赤軍を釈放し、身代金までつけてテロリストを野に放ってしまった。その直後から北朝鮮の拉致が活発になり、二カ月後には横田めぐみさんが拉致されている。要するに、ダッカ事件以降も、日本政府は拉致の事実を知りながら黙認し、国民の知らないところでずっと脅迫され続けてきたということにほかならず、テロが行われていたと考えていい。その実態をまさにイノウエ議員の発言が証明しているのだ。

イノウエ議員は七〇年代末から情報を掴んで北朝鮮に詰問していた。これはＣＩＡや国防省も完全に事実を掴んでいたということで、日本の上層部も知っていたはずである。当然、警察、自衛隊も知っていた。暗号電文も傍受し全部解明していたし、動きも見ていた。捕まえるために泳がせていたこともあるだろう。ただ取り締まろうと思ってもスパイ防止法がないので簡単には捕まえられず、政治が動かないから悔しい思いをしていた現場の警察官や自衛隊員もいっぱいいた。海上保安院もそうだった。それが事実だ。

それを全部握りつぶしてきて、国会で初めて拉致が取り上げられたのが一九八八年だった。とんでもない話である。戦後日本の中枢にまで忍び寄った、一種のウィルスのようなものが拉致の要因であり、それだけ構造的に日本は侵略されているのである。

現在、拉致被害者の数は警察の八六六人が最大だが、他の情報では四桁に上るという話もある。私が中国共産党人民解放軍筋で入手した情報によれば、北朝鮮と人民解放軍が連携している可能性がある。工作船が直接、北朝鮮へ帰還せず、支那を経由することがあったのだ。自衛隊が掴んでいるデータを解析すれば、おそらくそれが検証されると思う。実際に拉致という名のテロは一九六〇年代後半からいまも続いており、小泉訪朝の後でも、何人もの特定失踪者がいる。最近では五、六年前に北海道・苫小牧で高二の女子生徒が行方不明になっており、消息はまったく謎だ。拉致問題は、戦後日本に継続的に力を及ぼしているテロ国家が行った重大な侵略と定義する必要があるだろう。

トクアと日本の反日メディア

北朝鮮とTBSの太いパイプ

「トクアノミクス」というウィルスは、われわれが考えるよりはるか日本の奥深くにまで侵入し、すでに毛細血管にまで浸透している。

トクアとメディアがいかに太いパイプで繋がっているかを示すエピソードがある。二〇〇〇年にスパイ容疑で北朝鮮に逮捕された日本経済新聞元記者の杉島隆という人がいる。結局一年半拘留され釈放になったが、解放される前に興味深いことがあった。北朝鮮の取

調官に、

「日本のメディアは、おまえのことをちゃんと報道するかな」

と言われたという。するとその夜、ＴＢＳの特ダネで、

「現在、北朝鮮で拘留中の杉島氏に死刑判決が出ました」

というニュースが流れたというのである。つまり、北朝鮮からＴＢＳに偽情報がリークされたわけである。

帰国後、杉島氏は事情を聴くためにＴＢＳの金平茂紀氏を訪問しているが、一斉無視されたという。ちなみに、金平氏は筑紫哲也氏が「ニュース23」のメインキャスター時代、報道局長をしていた人物である。

東京の壁

そもそも冷戦が崩壊したというのに、なぜ冷戦の敗北側に肩入れしていた人ばかりがテレビに出続けているのか？　ヨーロッパでは、八九年の冷戦崩壊とともに共産主義者は退

場させられている。それが日本では退場どころか、拉致被害者が帰国した際、「5人を北へ帰せ」などとんでもない主張を繰り返していた鳥越俊太郎氏や大谷昭宏氏ら、そういう人たちが十年たった今も地上波の顔になっている。東アジアは世界で唯一、冷戦という遺物が残る地域という特殊な事情があるにせよ、旧社会党の流れをくむ社民党はいまだ現存しているし、民主党の中にも旧社会党の議員が多く入り込んでいる。日教組がそのままの形で残っているのもおかしな話で、常識で考えれば、総懺悔して公職追放になってもおかしくない。日本が大東亜戦争に負けたとき、当時の教育界や公務員の優秀な人間はみなGHQにより公職追放になっている。

日本のメディアは、そんな冷戦構造をまさに反映している工作員の溜まり場になっており、〝東京の壁〟がいまもベルリンの壁のごとく聳えているのである。

支那が及ぼす影響力

「トクアノミクス」の中でも、支那がメディアに及ぼす影響力はとりわけ凄まじい。支那にとって都合の悪い報道は、みな巧みに隠される。ODAや南京虐殺問題、遺棄化学兵器などの疑わしい話題は、日本人の目に触れないようまず報道されることはない。

「遺棄化学兵器プロジェクト」は形を変えたODAとでもいうべきもので、戦争中、日本軍が支那に遺棄した毒ガスの処理費用の名目で年間数百億円という金が流れていた。だが、停戦協定で武装解除した時点で、兵器はソ連、中国国民党側の管理下に入る。その時点で、日本の管理は終わっており、遺棄化学兵器そのもの自体が存在しない。そのような嘘に金を払う必要などないのだが、日本のメディアはまったく報道しないのである。

ここで具体的にメディアの反日報道を検証しておくと、毎日新聞と中日新聞の露骨な「反アベノミクス」には辟易する。逆に、これまで反日メディアの急先鋒だった朝日新聞や日本経済新聞は、擦り寄りをみせて気味が悪いのだが、このところのNHKの暴走は目に余るものがある。

昨年の李明博大統領の竹島上陸の頃から、「日本の島根県の竹島」と言い始めたのだが、それまでは「日本と韓国が領有権を主張する」という言い方をしていたのである。尖閣諸島についても同様な言い回しをあえて使ってアナウンスし、多くの視聴者から「あきらかにおかしい」という抗議が殺到し、言い直したに過ぎない。

今年の四月九日には、ＮＨＫのインターネットサイト「ＮＨＫ映像サイトみちしる」で、「日本海」の表記に日本政府の見解と異なる「東海」を併記して、抗議が殺到した。問題の地図はグーグルから提供されたもので、「意図的にそうした表記を使ったものではない」（ＮＨＫ広報）と釈明している。しかし、グーグルの地図には「東海」の表記はなく、おかしなことに、わざわざ「東海」と併記しながら「竹島」「尖閣諸島」の表記は消されているのである。これには不可解を通り越して、悪意というほかない。以下、夕刊フジを引用する。

《日本海と東海を併記していたことについて、ＮＨＫ広報局は９日、本紙の取材に「指摘の地図はグーグルから提供されたデータをもとに作成していたが、ＮＨＫが行った地名表記の設定に不備があった。意図的にそうした表記を使ったものではない」と釈明した。

また、竹島の表記や尖閣諸島の地名表記がないことについては「グーグルから提供されたデータそのものにない」としている。

だが、わざわざ東海の表記を付け加えておきながら、「データがない」として竹島や尖閣諸島の正確な表記をおざなりにするのは不可解ともいえる。

日本海の呼称をめぐっては、世界の海図や海、海峡の名称などを調整する国際水路機関（ＩＨＯ）が昨年4月、「日本海」単独呼称のままとすることを決めている》

トクアと欧米の反日の背後にあるもの

支那の海外広報

昨年、日本に安倍政権が誕生した直後、支那、韓国といった特定アジアのみならず、欧米からも日本の「右傾化」を危惧する様々な論説が声高にあがった。ニューヨーク・タイムズは年初の社説で、慰安婦問題に対する日本の主張を「歴史問題の塗りつぶし」と非難し、ワシントン・ポストは安倍首相は歴史と向き合えという論説を掲載した。

それら反日を語る評論家たちが欧米に多数出てきたのは非常に嘆かわしいが、彼らの言葉を額面通り受け取るには、事実とかなり乖離がある。なぜなら、その背後には支那による巧みな宣伝工作が働いているからだ。

中国共産党の海外広報活動について、櫻井よしこ氏は三月八日付の産経新聞で、こう述べている。

《中国の対外広報予算はざっと見て年間1兆円、日本外務省のそれは200億円にも満たない。

中国は潤沢な予算を欧米のシンクタンク、大学などに寛大に配布する。結果、中国研究者がふえ、中国への親しみと中国の歴史観の受容と理解が深まる。日本研究者の数が先細りし、日本の価値観や考え方への理解者が減り続けているのとは対照的である。

中国はまた全世界に孔子学院を創設中だ。約1年前には中国版CNN「CCTVアメリカ」も開いた。本拠地をワシントンに、スタジオはニューヨークのタイムズスクエアに、中国人は極力表に出ずにキャスターは米国人、だが伝える情報は中国の視点に基づくものだ。曾虚白がティンパーリーらを利用した手法に通底する》

海外広報に年間二兆円使う支那に対して、日本が計上するのは一〇〇分の一。情報戦での劣勢は明らかで、特定アジアはさらなるネットワークづくりに余念がない。

ＣＮＮというのは実際のところアメリカのプロパガンダであり、もちろん、メディアである以上、アメリカ政府を叩く姿勢もあるが、信頼が置けるメディアとしてあれだけ世界に広がっていることを考えれば、アメリカの国益に非常にメリットがある。

それと同じことを、支那がやっているわけである。中国共産党の宣伝機関、ＣＣＴＶを世界中で見られるように放送配信を拡充して、すでにパラオでも視聴できるまでに拡散しているのだ。

それに引き替え、日本の公共放送として対抗すべきＮＨＫにはそのような意思は全くなく、むしろ中国共産党の手先ともいうべき放送しかしていない。

現在、訴訟が起きている番組「ジャパン・デビュー」は、台湾の日本統治に関して一〇〇％中国共産党の意向に沿った番組作りしかしておらず、支那の広報としかいいようがない。二〇〇六年に李長春という広報担当の、中国共産党の中央宣伝部を管轄する常務員が上海で行われた会議で以下のように演説している。

「台湾の独立という策動を潰さなければいけない。それが日本の右翼勢力による台湾の被支配を覆い隠すようなことをしている。だから、もっと民族性を前面に出さなければいけない」

と中国共産党の漢民族の視点からの主張を述べるばかりで、台湾人の存在を無視した実体とまったくかけ離れたものになっている。第一回では、台湾の道教の祭りがクローズアップされ、それが支那の文明を引き継いでいる証拠だと印象づけ、日本の統治を批判する証言も編集で都合のいい部分をつぎはぎしたものを使う工作をしている。

日本を貶めるこうした支那の情報戦に日本も対抗しなければならない。そのためには対外広報の根本的見直しと充実が必要で、情報発信機関の設置が急務である。

尖閣と盧溝橋事件

情報戦の結果、アメリカの論調が支那寄りに変わってきているのは否めないが、それらが結びつく根底には、もともと彼らが持っている日本人への意識というものが多大に影響している。それは八〇年前を振り返れば一目瞭然で、尖閣でいま起きていることなど、盧溝橋事件とまったく同じなのである。

なぜ日本の立場が悪くなってしまったのか？　普通の日本人なら現状を不思議に思うだろうが、盧溝橋事件も同様で中国共産党の謀略があったにもかかわらず、日本の情報発信がまったく無視されたのは、宋美齢の存在も大きいが――彼女は半分アメリカ人である――支那に対する非常に大きな幻想が米国にあった。親中派米国人にとって日本は目障りな存在という意識が、まだ残っているのではないだろうか。

いまは「アベノミクス」がうまく機能しているのでなりを潜めているが、参院選が近づいて来れば、このようなネガティブ報道が必ず湧いてくるだろう。しかし、彼らがいう「右傾化」など、日本が普通の国になる道に過ぎない。安倍首相もそれを見越してか、「憲法九条改正によって集団安全保障に取り組むべき」と常識をまず訴えている。しかし、国の安全保障に関する非常に重要な発言であるが、なぜか日本のメディアは大きく取り上げようとしないのである。

先の櫻井論文を引用する。

《日本が自主独立国家の道を目指して憲法改正を進め、歴史問題の誤解を正そうとするとき、同盟国アメリカにおいてさえ必ずしも歓迎されないのが現実だ。コロンビア大学教授の知日派、ジェラルド・カーチス氏は『フォーリン・アフェアーズ』3・4月号で、政権を奪還した自民党を「右傾化する政府」と書いた。

理由として安倍晋三首相が「自衛隊の憲法上の制約を破棄し、日本の若者により強い愛国心を植えつける教育制度改革を行い、日本が地域及び国際情勢上、より大きな指導力を保持することを目指して」いることなどを挙げている。だが、これらは右傾化ではなく、普通の国になる道にすぎない。

しかし氏は、参院選で過半数をとれば、首相が「歴史修正の動きを推し進める」可能性があるとし、「いかなる挑発的な動きも結果を伴うだろう」「もし彼（安倍首相）がこれまで表明してきたように、第二次世界大戦の過ちを詫《わ》びた前政権等の談話を無効にする場合、中国、韓国との危機を招くだけでなく、米国の強い非難にも直面するだろう」と警告する。尖閣問題に関しても氏は「状況改善の第一ステップは、安倍がまず尖閣諸島をめぐる争いは存在しないという虚構（fiction）の主張を諦めることだ」と書いた》

日本は侵略戦争をしたのか？

憲法九条改正は、日本が普通の国になろうとする第一歩に過ぎない。ところが、普通になろうとすると、特定アジアのみならず、欧米の一部が批判するという風潮が続いている。これには米国の場合は「日本をこのまま支配しておきたい、ずっと占領下に置いておきたい」という心理が働いているからだ。

連合国（国連）でいまだに日本、ドイツの敵国条項が削除されていない事実がその証しだ。ところが、実質、現在の世界をリードしているのは日本とドイツであり、その二カ国を封じ込めたままにしておきたいわけだ。

その中で、安倍外交は周辺諸国と歩調を合わせて、憲法改正に向けた布石を着々と打っている。フィリピンでは、外務大臣が「日本は憲法九条をはやく改正してくれ」と発言しているし、ベトナムからインドに至るまで、対支那という点で日本に同調する姿勢を示している。にもかかわらず、日本だけが「右傾化」と言われるのは明らかに異常で、安倍首

相自ら韓国メディアのインタビューで、

「日本が右傾化するといわれるなら、軍隊を持っている他国はすべて右翼国家ということになってしまう」

と当然の発言をしている。

日本国民も、そろそろ自虐史観から脱却して「日本は侵略戦争などしていない」という意識を持つべきだろう。特定アジア三カ国以外、「日本が侵略戦争をした」などといつまでもまるで寝言のように繰り返す国はどこにもない。勝者が一方的に裁いた東京裁判をいま一度、検証する必要がある。

じつは、当のアメリカでも、このところ第二次大戦に対して、これまでと一八〇度違った見方が、歴史学的な見地からも出始めている。ジョージ・ナッシュは『フーバー大統領回顧録　裏切られた自由』（未訳）で、「ルーズベルトは日本を戦争に追い込んだ狂気の男」と明言しているのである。戦後すぐに米国で出版され発禁になったルーズベルト批判のチャールズ・ビアードの歴史書が日本でも平成二十五年（二〇一三）に翻訳されている。

また、若手評論家のジョナ・ゴールドバーグは、ベストセラーになった著書『リベラル・

ファシズム』（未訳）でF・ルーズベルトとウィルソン大統領を厳しく批判している。彼はユダヤ人だが、金融グローバリズムに代表されるような左翼的思想ではなく、保守派の視点でこれまでとは違った米国史を分析しているのである。

韓国人が模索する国際ネットワーク

二〇一三年年二月十八日付の産経新聞に、ニューヨークで在米韓国系住民らによる抗議行動の一報が掲載された。「ニューヨーク近代美術館（ＭｏＭＡ）に旭日旗をイメージした芸術作品が展示されている」として、撤去を求めたという。

旭日旗は、昨年のロンドンオリンピックのサッカー日韓戦で、竹島の領有権を主張するプラカードを掲げた韓国選手が「観客席に旭日旗が見えたから」と苦しい言い訳に使ってから、反日バッシングの新たな攻撃対象になってしまった。とはいえ、政治とは無関係の横尾忠則氏の芸術作品までを批難する姿勢はやはり異常としか言いようがないが、これにはさらなる脅威が潜んでいた。それは、この抗議行動が在米の韓国系住民だけでなく、彼らが一部のユダヤ人団体を連携する対象として考えていたと報じられていた点である。

　この抗議行動を起こした在米韓国人団体は従軍慰安婦像の設立にも力を入れている団体で、それが近年、ユダヤ人のホロコースト記念館を設立している人たちに接触を図ろうとし始めているのである。

　ユダヤ人はじつは、大変な親日家が多く、とても反日という立場を鮮明にする韓国人と合入れるような存在ではない。では、いったいなぜこんなことが起こっているのか？　それは在米の韓国人がユダヤ人へ一方的な想いを寄せているからではないかと指摘する人もいる。

　在米のユダヤ人は数は少ないが、彼らの努力と能力により各分野での成功者も多く、アメリカ社会での存在感を疑う人は誰もいない。そういったユダヤ人の社会的な活躍やバイタリティを、アメリカに渡って喪失した故郷を夢想し、反日をアイデンティティーとして慰安婦記念碑を次々につくろうとしている韓国系住民が勝手に憧れているという側面もありそうだ。ユダヤの人々にとってはいい迷惑であろう。

　在米韓国人の行動を見ていると、どうもユダヤ人になりたいと思っているふしがある。

いみじくもそれを証明しているのが、昨年五月にニューヨークタイムズに掲載された韓国人や在米韓国人による広告である。日本の慰安婦問題を非難する意見広告で、西ドイツのグラント首相がポーランドでナチスの行為を謝罪して跪いている写真を使用している。昨年十月～十二月の三カ月間、ブロードウェイの看板にも掲げられたこの広告で、グラント首相を使ったということは、自分たちは「ナチス＝日本」に対抗するユダヤ人であるという、まさに願望の表れなのである。

韓国系住民だけでなく、彼らの反日組織がこのように国際ネットワークを志向しているとすれば、「アベノミクス」にとって大変な脅威となる。だが、心配には及ばない。先にも触れたように、ユダヤ人自体は、とくにイスラエルの敬虔なユダヤ教徒たちというのは、もの凄く親日的なのである。韓国系住民と組んで国際的な謀略を巡らすような人は皆無である。なぜなら、第二次大戦中にホロコーストからのユダヤ人救出にいちばん力を尽くしたのは日本人だということを、当のユダヤ人たちがよく知っているからである。

関東軍参謀長を務めていた後の首相、東條英機の下で樋口季一郎少将と安江仙弘大佐が二万人ものユダヤ人を救っていたのだ。リトアニア公使だった杉原千畝が六千人のユダヤ人を救ったのも知られている。そういう事実はユダヤ人が一番よく知っている。また、それを日本が広報することにより、慰安婦問題を騒ぎたて、ユダヤ人を利用しようという、ユダヤの人々にとってはこの上なく迷惑な事態を防ぐことにもなる。日本人はユダヤ人と連携して、そのような災厄がユダヤ人の身に降りかからぬように世界へ向けた情報発信をすべきである。

第3章　アベノミクスがトクアノミクスに勝つとき

戦後レジームとは何か？

旧体制の象徴だった民主党政権の成立と崩壊

ここで、〈アベノミクス〉についていま一度、定義しておこう。一般に〈アベノミクス〉は、金融緩和、財政出動、成長戦略の「三本の矢」でデフレを脱却しようという経済政策と捉えられている。しかし、それだけではおさまり切らないものを持っていると、先に述べた。

具体的にいえば、日本の経済が、じつは新しい外交・安全保障政策ととても強く結びついており、そこまで含めなければ「アベノミクス」の説明にならないのである。

そう考えると、平成十八年（二〇〇六）に誕生した第一次安倍内閣がスローガンとして掲げていた「戦後レジームからの脱却」という言葉は、戦後レジーム＝旧体制からの脱却という意味でも〈アベノミクス〉の礎とでもいうべきものだった。だがしかし、残念ながら、当時はごく一部の人にしか理解されず、それを逆手にとられて、国内では反日サヨク勢力が朝日などの反日メディアと一体となって反安倍キャンペーンを張ることを許してしまったのである。それが政権の大きな足枷になり、最初の段階から障害物を抱えてしまった。

ところが、第一次安倍政権崩壊後六年を経過し、世界情勢の変化とそれにともない世界の枠組みが大きく変化していくその中で、とりわけ日本が沈滞してデフレ経済の罠にどんどん陥ったからこそ、逆に第一次安倍政権の目指していたものが誰にでも分かりやすく見えて来て、意味を持つものになってきた。言葉を換えて言えば、平成二十一年（二〇〇九）秋の民主党政権の誕生が、第一次安倍政権の唱えていたスローガンの正当性を、逆に証明することになったのである。

「戦後レジーム」とは戦後体制、つまり、連合国軍（米軍）に占領されたまま、敗戦国の状態を継続している体制という意味である。六年八か月に及ぶ連合国軍総司令部（GHQ）の占領下に国の根幹まで変えられ、そこで利益を得た人たち、敗戦利得者たちが権力や利権を維持するため、日本の占領体制を継続させていこうという支配構造が、次第に構築されていった。

本来なら、自由党と民主党が合併して自由民主党を結成し、社会党と向かい合った、いわゆる〈五五年体制〉で、自民党の結党理念である自主憲法の制定がなされるはずだった。だが、真っ先に行われなければいけない課題が手つかずのまま、六〇年安保で岸信介首相が（彼は奇しくも安倍晋三氏の祖父である）、騒動の責任をとって退陣し、保革癒着の自民党＋社会党という二大政党体制へと移行していく。この吉田茂門下の池田勇人首相が率いる〈六〇年体制〉が非常に安定したものになって、高度成長に邁進しながら、戦後体制をずっと維持し続けてきたのである。

その戦後体制を打破しようというスローガンを掲げた第一次安倍政権は、ある意味、非常に危険な勢力であったといえる。東京オリンピックを開催し、高度成長経済の繁栄を謳歌した戦後の日常への挑戦だったからである。

自民党＋社会党の〈六〇年体制〉は、反日左翼も予定調和的反対勢力として体制の一翼を担っていた。したがって、ＧＨＱの占領体制の中から再構成されて生まれたほとんど全ての日本のメディアは、必然的にＧＨＱの検閲や情報統制を維持していくメカニズムを持っていた。

第一次安倍内閣が「右翼的」と批判されたのはそういう背景があるわけで、そこへ戦後体制の総仕上げという形で平成二十一年（二〇〇九）に民主党政権が誕生したのである。民主党政権はアメリカがもたらしたとされる戦後民主主義が「すべて正しい」という見方に基づいた象徴的な統治機構であり、メディアもこぞって情報操作や偏向報道を行って政権誕生をバックアップした。

ところが、民主党政権は三年三カ月で日本という国家そのものを解体するようなことをしてきたことが白日の下に晒されたことにより、再び、安倍内閣のスローガンがリアリティを持ってきたのだ。恐らく、いま、第一次安倍政権のスローガンであった「戦後レジームからの脱却」という言葉を掲げても、言葉の意味を理解する人ははるかに増えているだろう。

それを今回の安倍政権は「アベノミクス」という経済政策を前面に押し出した言葉に置き換え、わが国の真の自立を妨げる反日メディアによる言葉狩りを防ぐとともに、戦後体制という旧体制からもうまく反発を防いでいる。

日本国憲法は占領憲法

戦勝国の米国から与えられたことになっている〈戦後民主主義〉を象徴する民主党政権には、日本国憲法をそのまま具現化したような政策がいっぱい散りばめられていた。それは鳩山由紀夫の最初の所信表明演説に「命」という言葉が数多く出てくることに、よく象徴されていた。非常に観念的で、ユートピアを目指すようなことしか言っていないのである。

鳩山はまた、政権交代選挙前のニコニコ動画でのインタビューで、こうも言い放っている。

「日本列島は日本人だけのものではない」

この発言は一部の敏感な日本人が危機感を感じて大騒ぎになったが（にもかかわらず、ほとんどのメディアでは問題として取り上げられなかった）、その言葉にこそ、民主党政権の本質が表れていて、事実、鳩山の言葉通り、子ども手当を外国人にも支給する、無制限の個人に対するバラマキ政策を続けていったのである。ここで、民主党が掲げていた危険な政策を再検証しておこう。

「外国人参政権」

民主党が結党以来、掲げている政策で、永住外国人に地方参政権を付与しようというもの。主に在日韓国人を対象にしたもので、いまの在日問題、権利ばかり主張してくる反日的な動きや、韓国の対日政策にも結びつく、日本に向けられた刃のような非常に危険な政策である。鳩山政権樹立とともに成立直前までいったが、連立与党を組んでいた国民新党の反対で不成立。亀井静香の歴史的貢献だった。

「人権擁護法案」

自民党時代から出ていた法案で、外国人が人権侵害で訴えた場合、新たにつくられる人権委員会という組織が三条機関として、警察や検察権限の及ばないところで逮捕権を持つというもの。まさに外国人による日本乗っ取りを促すような法案。
この法案が民主党政権では「人権侵害救済機関設置法案」と名前を変え野田内閣の「人権委員会設置法案」となった。

「国会図書館改正法案」

歴史観を戦後レジームに固定するため、国会図書館に恒久平和局を設置するというもの。これは「戦時性的強制被害者問題の解決の促進に関する法律」と対になっており、自虐史観を完全に固定化してしまう。

「友愛の海」

政策ではないが、鳩山政権の理念をよく表している言葉である。東シナ海を「友愛の海」と呼び、虎視眈々と台湾を狙い、次に沖縄を狙おうとしている中国共産党に「どうぞ」といっているようなものだった。それは東シナ海のガス田の問題を見ても明らかで、共同開発は無視されて日本は試掘すらできない状況である。また、尖閣諸島への恒常化した領海侵犯を招いている。支那という国の本質をまったく理解していなかった鳩山の妄言として歴史に刻まれた。

このほかにも、靖国神社の解体を目的とした「国立追悼施設の建設」、「選択制夫婦別姓」（支那、韓国は夫婦別姓である）など、日本独自の文化やアイデンティティーを消滅させ、外国人に有利に働くような法案ばかりが並んでいた。これがまさに民主党の本質であって、日本国憲法の理念をそのまま発展させるとこうなるという具体的な政策だった。

日本国憲法の前文には、こんな文言が入っている。

「平和を愛する諸国民の公正と信義に信頼して、われらの安全と生存を保持しようと決意した」

日本国民は自分たちの安全と生存を、平和を愛すると称する諸国民に委ねればいいという、まさに裸で猛獣の檻に入れと言わんばかりの、とんでもない一文が記されている。要するに、日本国憲法は、占領下において被占領国を統治するための一種の占領基本法に過ぎないのである。一刻も早くこれを破棄するか、改正する必要がある。その点で、第一次安倍内閣が日本国憲法と同時期に作られた教育基本法を改正していることは、大きな意味を持つ。まさしく戦後レジームを転換する記念すべき第一歩になるはずだったが、例の政権交代で、せっかく改正された教育基本法も理念が生かされないまま、文科省は反日的な教科書を放置し続けているのである。

そんな中、じつは、安倍晋三氏とはまったく関係のないところから、反旗を翻して登場した人物が、大きな影響力を持つようになってしまった。大阪の橋下徹市長である。橋下徹氏の影響について、私は新幹線の車窓を眺めながら「ああ、これか」と納得したことがあった。それは、京都までの風景が大阪へ入ると一変し、窓から見えるすべての公立学校に日の丸がはためいていたのである。長年、自民党が大阪府政でできなかったことを橋下徹氏がやってのけた。大阪で橋下氏が支持されている理由がそこにあることを読み取らないと、いまの政治状況を理解できないであろう。

アジアの民主主義安全保障ダイアモンド

民主党政権は崩壊した。代わって登場した〈アベノミクス〉は、戦後レジームから脱却し、〈トクアノミクス〉を打ち破り、日本の再生、そして日本の自立を実現することができるのであろうか?

結論から言うと、〈アベノミクス〉はその力も戦略も、じゅうぶんに持ち合わせているのである。

五月二十七日に印度のシン首相が来日した。日印首脳会談では両国の経済協力を拡大させる方針を確認した上で、インド西部ムンバイの地下鉄建設事業に約七一〇億円の円借款を供与することで合意し、また、東京電力福島第一原発の事故で停滞していた原子力協定交渉の再開を決定した。さらに、インドの高速鉄道に新幹線の車輌だけでなく、新幹線の生命である運航システムも輸出することで合意した。日本とインドの共同声明は、これまで戦後日本が韓国と支那と大きく関わってきた戦後のアジア外交のコペルニクス的転換を意味したものになった。

じつは、ここまで述べた具体的な現在進行形の外交を裏付けるものとして、第二次安倍政権が誕生した翌日、昨年十二月二十七日付で国際NPOの言論機関である「プロジェクトシンジケート」のウェブサイトに、安倍晋三首相の英字論文が発表されていた。「プロジェクトシンジケート」はプラハに本部を置く国際NPO団体で、各国要人、学者、ノーベル賞受賞者らの論説やインタビューを世界150カ国の提携メディアに配信する実績のある団体である。そこで、安倍首相は「アジアの民主主義安全保障ダイアモンド」と題した論文で、新たな戦略構想について語っている。少々長いが、大変重要な論文なので、全文を掲載する。

《アジアの民主主義安全保障ダイアモンド

二〇〇七年の夏、日本の首相としてインド国会のセントラホールで演説した際、私は「ふたつの海の交わり」――一六五五年にムガール帝国の皇子ダーラー・シコーが著わした本の題名から引用したフレーズ――について話し、居並ぶ議員の賛同と拍手喝采を得た。あれから五年を経て、私は自分の発言が正しかったことをますます確信するようになった。

太平洋における平和、安定、航海の自由は、インド洋における平和、安定、航海の自由と切り離すことはできない。両地域における情勢はかつてないほど緊密に連繋している。

アジアにおける最も古い海洋民主国家たる日本は、両地域の共通利益を維持する上でより大きな役割を果たすべきである。

にもかかわらず、ますます、南シナ海は「北京の湖」となっていくかのように見える。アナリストたちが、オホーツク海がソ連の内海となったと同じく南シナ海もシナの内海となるだろうと言うように。南シナ海は、核弾頭搭載ミサイルを発射可能なシナ海軍の原潜が基地とするにじゅうぶんな深さがあり、間もなくシナ海軍の新型空母がよく見かけられるようになるだろう。シナの隣国を恐れさせるにじゅうぶんである。

これこそ中国共産党政府が東シナ海の尖閣諸島周辺で毎日繰り返す演習に、日本が屈してはならない理由である。たしかに、シナ海軍の艦艇ではなく、軽武装の法執行艦のみが、日本の領海および接続海域に進入してきた。だが、このような〝穏やかな〟接触に騙されるものはいない。これらの船のプレゼンスを日常的に示すことで、シナは尖閣周辺の海に対する領有権を既成事実にしようとしているのだ。

もし日本が屈すれば、南シナ海はさらに要塞化されるであろう。日本や韓国のような貿易国家にとって必要不可欠な航行の自由は、深刻な妨害を受けるであろう。東シナ海と南シナ海は国際海域であるにもかかわらず、日米両軍の海軍力がこの地域に入ることは難しくなる。

このような事態が生じることを懸念し、太平洋とインド洋をまたぐ航行の自由の守護者として、日印両政府が共により大きな責任を負う必要を、私はインドで述べたのであった。私は中国の海軍力と領域の拡大が二〇〇七年と同様のペースで進むであろうと予測したが、それは間違いであったことも告白しなければならない。

東シナ海および南シナ海で継続中の紛争は、国家の戦略的地平を拡大することをもって日本外交の戦略的最優先課題としなければならないことを意味する。日本は成熟した海洋民主国家であり、その親密なパートナーの選択もこの事実を反映すべきである。私が描く戦略は、オーストラリア、インド、日本、米国ハワイによって、インド洋地域から西太平洋に広がる海洋権益を保護するダイアモンドを形成することにある。（略）

対抗勢力の民主党は、私が二〇〇七年に敷いた方針を継続した点で評価に値する。つまり、彼らはオーストラリアやインドとの絆を強化する種を蒔いたのであった。

（世界貿易量の四〇%が通過する）マラッカ海峡の西端にアンダマン・ニコバル諸島を擁

し、東アジアでも多くの人口を抱えるインドはより重点を置くに値する。日本はインドとの定期的な二国間軍事対話に従事しており、アメリカを含めた公式な三者協議にも着手した。製造業に必要不可欠なレアアースの供給をシナが外交的な武器として使うことを選んで以後、インド政府は日本との間にレアアース供給の合意を結ぶ上で精通した手腕を示した。

私はアジアのセキュリティを強化するため、イギリスやフランスにもまた舞台にカムバックするよう招待したい。海洋民主国家たる日本の世界における役割は、英仏の新たなプレゼンスとともにあることが賢明である。英国は今でもマレーシア、シンガポール、オーストラリア、ニュージーランドとの五カ国防衛取決めに価値を見出している。私は日本をこのグループに参加させ、毎年そのメンバーと会談し、小規模な軍事演習にも加わらせたい。タヒチのフランス太平洋軍は極めて少ない予算で動いているが、いずれ重要性を大いに増してくるであろう。

とはいえ、日本にとって米国との同盟再構築以上に重要なことはない。米国のアジア太平洋地域における戦略的再編期にあっても、日本が米国を必要とするのと同じくらいに、米国もまた日本を必要としているのである。二〇一一年に発生した日本の地震、津波、原子力災害後、ただちに行われた米軍の類例のないほど巨大な平時の人道支援作戦は、六十年かけて成長した日米同盟が本物であることの力強い証拠である。（略）

私は、個人的には、日本と最大の隣国たるシナの関係が多くの日本国民の幸福にとって必要不可欠だと認めている。しかし、日中関係を向上させるなら、日本はまず太平洋の反対側に停泊しなければならない。というのは、要するに、日本外交は民主主義、法の支配、人権尊重に根ざしていなければならないからである。これらの普遍的な価値は戦後の日本発展を導いてきた。二〇一三年も、その後も、アジア太平洋地域における将来の繁栄もまた、それらの価値の上にあるべきだと私は確信している》（翻訳文責・西村）

貴重な資料なので、英文も併記しよう。

《Asia's Democratic Security Diamond

TOKYO

In the summer of 2007, addressing the Central Hall of the Indian Parliament as Japan's prime minister, I spoke of the "Confluence of the Two Seas" — a phrase that I drew from the title of a book written by the Mughal prince Dara Shikoh in 1655 — to the applause and stomping approval of the assembled lawmakers. In the five years since then, I have become even more strongly convinced that what I said was correct.

Illustration by Steve Ansul

Peace, stability, and freedom of navigation in the Pacific Ocean are inseparable from peace, stability, and freedom of navigation in the Indian Ocean. Developments affecting each are more closely connected than ever. Japan, as one of the oldest sea-faring democracies in Asia, should play a greater role in preserving the common good in both regions.

Yet, increasingly, the South China Sea seems set to become a "Lake Beijing," which analysts say will be to China what the Sea of Okhotsk was to Soviet Russia: a sea deep enough for the People's Liberation Army's navy to base their nuclear-powered attack submarines, capable of launching missiles with nuclear warheads. Soon, the PLA Navy's newly built aircraft carrier will be a common sight — more than sufficient to scare China's neighbors.

That is why Japan must not yield to the Chinese government's daily exercises in coercion around the Senkaku Islands in the East China Sea. True, only Chinese law-enforcement vessels with light weaponry, not PLA Navy ships, have entered Japan's contiguous and territorial waters. But this "gentler" touch should fool no one. By making these boats' presence appear ordinary, China seeks to establish its jurisdiction in the waters surrounding the islands as a fait accompli.

If Japan were to yield, the South China Sea would become even more fortified. Freedom of navigation, vital for trading countries such as Japan and South Korea, would be seriously hindered. The naval assets of the United States, in addition to those of Japan, would find it difficult to enter the entire area, though the majority of the two China seas is international water.

Anxious that such a development could arise, I spoke in India of the need for the Indian and Japanese governments to join together to shoulder more responsibility as guardians of navigational freedom across the Pacific and Indian oceans. I must confess that I failed to anticipate that China's naval and territorial expansion would advance at the pace that it has since 2007.

The ongoing disputes in the East China Sea and the South China Sea mean that Japan's top foreign-policy priority must be to expand the country's strategic horizons. Japan is a mature maritime democracy, and its choice of close partners should reflect that fact. I envisage a strategy whereby Australia, India, Japan, and the US state of Hawaii form a diamond to safeguard the maritime commons stretching from the Indian Ocean region to the western Pacific. I am prepared to invest, to the greatest possible extent, Japan's capabilities in this security diamond.

My opponents in the Democratic Party of Japan deserve credit for continuing along the path that I laid out in 2007; that is to say, they have sought to strengthen ties with Australia and India.

Of the two countries, India — a resident power in East Asia, with the Andaman and Nicobar Islands sitting at the western end of the Strait of Malacca (through which some 40% of world trade passes) — deserves greater emphasis. Japan is now engaged in regular bilateral service-to-service military dialogues with India, and has embarked on official trilateral talks that include the US. And India's government has shown its political savvy by forging an agreement to provide Japan with rare earth minerals — a vital component in many manufacturing processes — after China chose to use its supplies of rare earths as a diplomatic stick.

I would also invite Britain and France to stage a comeback in terms of participating in strengthening Asia's security. The sea-faring democracies in Japan's part of the world would be much better off with their renewed presence. The United Kingdom still finds value in the Five Power Defense Arrangements with Malaysia, Singapore, Australia, and New Zealand. I want Japan to join this group, gather annually for talks with its members, and participate with them in small-sized military drills. Meanwhile, France's Pacific Fleet in Tahiti operates on a minimal budget but could well punch above its weight.

That said, nothing is more important for Japan than to reinvest in its alliance with the US. In a period of American strategic rebalancing toward the Asia-Pacific region, the US needs Japan as much as Japan needs the US. Immediately after Japan's earthquake, tsunami, and nuclear disaster in 2011, the US military provided for Japan the largest peacetime humanitarian relief operation ever mounted — powerful evidence that the 60-year bond that the treaty allies have nurtured is real. Deprived of its time-honored ties with America, Japan could play only a reduced regional and global role.

I, for one, admit that Japan's relationship with its biggest neighbor, China, is vital to the well-being of many Japanese. Yet, to improve Sino-Japanese relations, Japan must first anchor its ties on the other side of the Pacific; for, at the end of the day, Japan's diplomacy must always be rooted in democracy, the rule of law, and respect for human rights. These universal values have guided Japan's postwar development. I firmly believe that, in 2013 and beyond, the Asia-Pacific region's future prosperity should rest on them as well.

Shinzo Abe is Prime Minister of Japan and President of the Liberal Democratic Party.

He wrote this article in mid November, before Japan's elections.》

最初にこの論文が広まったのは、インターネットだった。不思議なことに、国内メディアはその存在すら報じず、ほとんど沈黙したままだった（産経、東京新聞の二紙だけが報道）。朝日、読売、日経などの大手新聞は「プロジェクトシンジケート」と提携しているにもかかわらず、である。自国の外交方針に関わる首相の論文を取り上げないなど、そんなメディアが必要か、もはや存在意義すら疑われるが、それだけネットのほうがメディアとして機能してしまっている。

冒頭、この安倍論文は、第一次安倍内閣が崩壊する直前に、病をおしてインドを訪問したときのインド国会での名演説の回顧から始まる感動的なものである。

冷戦時代、オホーツク海が「ソ連の内海」と言われたのに対比させて、「南シナ海がいま『北京の湖』になっているかのように見える」と支那の領土侵略の脅威を説き、「オーストラリア、インド、日本、米国ハワイによって、インド洋地域から西太平洋に広がる海洋権益を保護するダイアモンドを形成する」国々は、成熟した海洋民主国家として法によって支配される平和的エリアを形成すべきだという安全保障構想を、すでに首相就任時の段階で世界に投げかけたのである。

これはつまり、法治国家でない、中国共産党に統治された支那は完全に排除されるという戦略構想になっている。二十一世紀の「脱亜論」でもある。多少、福沢諭吉と違うのは、それが特定の国だけに向けられた、「脱特定アジア論」だということだろう。論文後半部に出てくる「日本外交は民主主義、法の支配、人権尊重に根ざしていなければならない」という一文は、明らかに中国共産党に対しての強いメッセージである。昨年十一月、国会施設の議員会館でチベット仏教の最高指導者、ダライ・ラマ法王が演説するという画期的な出来事があったが、招致をした議員連名の背後に安倍晋三氏（当時は自民党総裁）がいて法王と固い握手を交わした。その姿が新しい日本を予感させる象徴的なシーンとして脳裏に残ったのだが、その場面がこの論文とあまりにも一致していることに驚きを禁じ得ない。

ただやはり、アジアの民主国家で同じ価値観の法の支配ということでいうと、朝鮮半島が入るかが大きな問題となる。じつは、それが瀬戸際の状況ではないかと思う。安倍首相のプランではそこまでは行っていないかも知れないが、私個人の意見としては、歴史的文化的なものを踏まえても、韓国はすでに支那の方へ吸い寄せられているので、安全保障ダイアモンド構想から外すべきと考えている。前述したように、支那の冊封を受けるということはそういうことなのである。

いずれにせよ、この安倍首相の描く「アジアの安全保障ダイアモンド構想」は、「トクアノミクス」に打ち勝つ大きな一撃になるであろう。

ダイアモンド構想の一環としてのTPP

そして、なんと国論を二分し、ようやく交渉参加が決まったTPPにも、じつは「アジアの安全保障ダイアモンド構想」がリンクしていると言える。

TPPは、言葉を換えればブロック経済である。むしろ金融グローバリズムではなくて、正反対の概念である経済ブロックを形成しようとするものである。第二次大戦前、アメリカはニューディール政策によって経済ブロックを形成し、ヨーロッパも同様の経済エリアを形成した。それができなかったドイツと日本は、次第に追い込まれていって、結局、戦争に向かわざるを得なかったのである。

TPPをそう捉えた場合、「必ず守る」と首相が宣言している関税自主権の問題や、ISD条項、金融保険の問題など、それらを対等に米国と交渉していけるのであれば、非常に大きな意味を持つものになる。

日本の交渉参加が決定して、いままで協議していた十カ国が先に加入した優位性を主張しようと必死になっているが、中には日本の参加を喜んでいる国もある。アメリカも農産物のようにもろ手を挙げている業界ばかりでなく、自動車産業は日本の参加に否定的な態度を取り続けている。交渉次第では、予想以上の国益を生む可能性もあるだろうし、手腕が試されるところでもある。

安倍首相は、おそらく日本を新しいキープレーヤーとして世界に再び登場させるステージを与えるという意味で、TPP交渉参加に踏み切った。日米首脳会談で、オバマ大統領との表に出てこないやりとりもあったのだろうが、そう考えると、辻褄が合う。

世界のキープレーヤーに躍り出る

安倍首相は先の論文の最後で、アジアの枠に止まらない、さらに壮大な構想にも言及している。

「私はアジアのセキュリティを強化するため、イギリスやフランスにもまた舞台にカムバックするよう招待したい。海洋民主国家たる日本の世界における役割は、英仏の新たなプレゼンスとともにあることが賢明である」

表舞台から退いたとはいえ、南太平洋地域に影響力を持つ英仏を再び壇上に上げて連携し、世界規模で安全保障を強化していく――これは完全なる特定アジアとの決別宣言であり、いや、むしろ日本は英仏のような連合国（国連）の常任理事国と同じポジションを占めるのだと、世界のキープレーヤーになるのだという確固たる意思表示であると同時に、対米従属を否定する宣言でもある。

実際、五月下旬のインドのシン首相との会談を経て六月七日には初来日のオランド大統領と日仏首脳会談を行い、武器装備品協力で合意した。これは日仏両国が対支那牽制で新たな協調関係を結ぶことに他ならない。半年前に発表した安倍論文のプロット通りの展開を見せていることを大いに評価したい。

これこそが安倍首相が掲げる「トクアノミクス」に打ち勝つ基本戦略で、第一次安倍政権が崩壊する理由になった障害を、いま信じられないスピードと行動力で次々とクリアして実行している段階なのである。あまりに手際よく駒を進めているものだから、政権発足当初は「右傾化」などとネガティブキャンペーンを張ろうとしていたニューヨーク・タイムズ、ワシントンポスト、イギリスのBBCやテレグラフらの欧米メディアも、まったく騒がなくなってしまった。ただし、ここで河野談話や靖国参拝云々を首相が口にすると、堰をきったようにまた政権批判が始まるのであろうが、その問題についてあまり触れないという方法でうまく対処している。

これは後述する「日本を取り戻す」という意味にもつながるのだが、改めて「アジアの安全保障ダイアモンド」の地図を見ると、なんと、面白いことに、大東亜戦争での日本の最大勢力圏とほとんど同じなのである。ラバウル航空隊があり、インパール作戦がインド独立支援の意味を持っていたように……。

「アジアの安全保障ダイアモンド」が偶然にも日本の最大勢力図と重なるということは、実は地政学的にも大東亜戦争の理念が正しいものだったことの証明にもなる。つまり、米国によって八十年も歴史を後退させられたとも言える。しかし逆にいま、米国を利用し、かつ協調し合い、お互いの共通の利益を求めるスキームで、二十一世紀の大東亜共栄圏とも言える、「アジアの民主主義安全保障ダイヤモンド」を形成しようとしているのではないだろうか。安倍晋三氏は、とてつもない政治家ではないのか。

「脱トクア論」は礼節のない国々との決別である

「脱トクア論」が出たところで、改めて特定アジア三国について言及してみたい。

前章でも述べたが、特定アジアを象徴的に表す例として、東日本大震災の二周年追悼式を挙げた。出席しなかったのは支那、南北朝鮮の三カ国で、政治思想や利害関係を抜きにして集まるべき日本政府主催の追悼式にもかかわらず、である。

支那は台湾を国として認める態度をとったことに対して反発したわけだが、それに対し安倍首相はfacebookのコメントで、「非常に残念なことだ」と述べ、台湾を国賓として参列させたことについては、「礼節を大切にしたい」からだと語った。この言葉は痛快で、支那に「おまえは礼節が足りない」という多くの日本人の声をハッキリ代弁したわけだ。

韓国は明確な理由も不明なまま式典をボイコットしている。ファックスが英文だから捨ててしまったとか、「ちゃんと連絡してこない日本が悪い」と責任転嫁までしている。これを見ただけでも、礼節のなさより異常な反日感情の本質がわかる。

私はむしろ、この二国よりも北朝鮮の大使がいたら、参加していたのではないかと思う。前章で「北朝鮮の国民は思っているより親日で親米」という脱北者であった姜哲煥氏の証言を紹介したが、先日のコンクラーベで話題になったローマ法王の就任式典にも、北朝鮮は必ず参加するのである。しかし中国共産党は参加しないのだ。カソリック信者の多い台湾が参加するということもあるが、もともと支那のカソリックはカソリックのルールを無視して、ローマ法王庁が任命する司教とは違う、中国共産党が選んだ人間を司教に据えている。それが支那という国のあり方をそのまま表している。チベットを見ればわかることで、六歳のパンチェンラマ十一世を誘拐し、どこかから連れてきた子供を勝手にパンチェンラマだと中国共産党が任命している。チベット行政でいえば、次のダライ・ラマ法王も中国共産党が任命すると宣言しているのだ。

話がそれたが、礼節という点から考えた場合、民主党政権も台湾に酷いことをした。震災一周年の追悼式で、台湾代表は各国大使と同じ席すら与えられず、一般の招待者と同じ二階席に行かされ、指名献花もなかったのだ。総額三〇〇億円近い、アメリカに次ぐ額の募金をしてくれた国に対して、この態度は極めて失礼という以上に非人間的ではないか。したがって、安倍首相は「礼に反することはできない」と明確に言ったわけである。

しかし、民主党もそうだが、日本のメディアはなぜこうも堕落しているのか。NHKはこの式典を生中継していながら、総理大臣の追悼の言葉が終わった後に、いったん中継を打ち切って、各国大使の献花の風景はカットしている。まるで中国共産党が、検閲で途中で放送を打ち切ってテレビ画面が真っ暗になるのと同じである。おそらく台湾代表部（大使館に相当）が献花するのを映したくないため、中国共産党の力が働いたのではとささやかれている。特定アジア諸国の意向に沿うための配慮がなされたのでは、という見方すらできる。とくにＮＨＫの酷さは筆舌に尽くし難い。公共放送を名乗るのであれば、下手な情報操作などせずに式典を最後まで放送すべきである。

そんなメディアの非礼な工作を、はからずも国民が補う形で、台湾との交流が深まる出来事があった。今年三月、東京ドームで行われたＷＢＣ第二次ラウンド日本―台湾戦。試合前、「球場で台湾に感謝の意を示そう」という twitter での善意の日本人による呼びかけが瞬く間に広まり、それを台湾のマスコミが自国で紹介した。試合後、日本からの声援に対し、全選手がマウンドを囲むように輪になって礼をするという、台湾選手の非常に礼儀正しい対応に日本人の感動はますます深まったのである。そこにはスポーツを通じて繋がるものがあるという、韓国や支那との国際試合では絶対に体験できないものを、日本人は感じることができたのである。あえて分析するなら、日本と台湾はメンタリティや文化圏が、じつは同じなのではないかと感じる。台湾で戦前教育を受けていた人はもう八十五歳以上しかいないが、不思議なことに、その後大陸から逃れてきた国民党が反日教育を断行したにもかかわらず、そういうものが抜けている。

人類学的に見ても、日本人はＤＮＡの構造からして漢民族や朝鮮民族とは違い、モンゴルや台湾、ベトナム、チベットの人々と近い。日本人がどこからきたかというルーツにも繋がるが、それらが混ざり合ったのが大和民族であり日本民族なのである。

そういうことから考えても、日本の目指す方向として〈脱特定アジア〉という〈二十一世紀の脱亜論〉の重要性がますます多くの人に伝わるのではないだろうか。

日本を取り戻す意味

憲法はすでに制度疲労を起こしている

昭和二十七年四月二十八日に主権回復が行われた後も、日本は占領憲法を放棄することも自主憲法を制定することもできないまま、六十一年が過ぎた。民主党政権の崩壊を見れば明らかなように、占領憲法である日本国憲法はもういい加減、制度疲労を起こしている。

それでも東西冷戦があれば、アメリカの懐に入っていれば、日本は西側陣営の一角として機能することができた。だからこそ、八〇年代に日本は〈黄金時代〉を築けたが、冷戦が終われば幻にしかならない。その後、新しい座標軸を見つける作業もせず、というより、敢えて放棄して誰も言い出さなかった状態が20年続いてきて、それが見事に「失われた20年」と重なっている。この経緯は、拙著『幻の黄金時代　オンリーイエスタデイ'80s』（祥伝社）を参照していただきたい。

安倍晋三氏は、戦後生まれで憲法改正を公約にして首相になった唯一の人間である。第一次安倍政権の後を見ても、やはり安倍晋三しかいなかったのである。つまり、憲法改正、あるいは破棄、自主憲法制定は、安倍首相に課せられた義務であり、宿命でもあるということだ。そして、重要なのは、それが「日本を取り戻す」最初のステップになるということなのである。

「アジアの民主主義安全保障ダイアモンド」構想は、戦後レジームに支配された地点からは絶対に出てこない発想である。侵略戦争をした戦前の日本は悪かったんだと語っていては何百年たっても辿りつけない視点である。

日本人は戦後体制の呪縛から早く逃れるためにも、一度、歴史を相対化し、太平洋戦争でなく大東亜戦争という言葉を使って、主体的に過去を自分たちの言葉を用いて考える力を取り戻さねばならない。そうやって、初めて日本を取り戻すことが可能になる。アメリ力に占領されていた期間を通して、戦前の歴史をきちんと日本人が主体的に捉え直すことによって、初めて歴史的な連続性を獲得することができるのである。

そのようなごく普通のことを考えただけで、「右傾化」やら「極右」とレッテルを貼る欧米メディア、そして支那と韓国は、閉ざされた思考に囚われている。欧米の場合は、あくまで「日本は自分たちに従属していればいい」という考えが基本にあるからその事情は推測はできるが、支那と韓国は自分たちがいまだに近代化すら達成できていないことを被害者意識で誤魔化しているから、反日史観が前提にされるのである。それは、儒教文化圏の宿命なのかも知れない。

今年五月、安倍首相は韓国の総合誌のインタビューにこう答えている。

「韓国が言っている右傾化という批判はまったく正しくない。そんなことを言ったら、韓国も右翼国家になる。（中略）国防軍ということに対して、それが右翼というなら韓国は右翼国家だし、世界中どの国も右翼国家になる」

そんな当たり前のことを、日本人は正面から捉えて、この二十年の歴史の流れを見ていかなければならない。

歴史の回復

別の言葉でいうと、それは「歴史の回復」ということで、失われた歴史を取り戻すことだ。具体的に言えば、占領期において占領軍に没収された七千冊の本がある。アメリカが行った、昭和十二年から二十年までに日本で発行された書籍を、全国の図書館や書店、流通経路から没収していくという野蛮な行為が、言論の自由や民主主義を日本にもたらしたことになっている。そう考えると、大東亜戦争は近代戦争ではなく、まるで宗教戦争である。

それを裏付けるものとして、GHQによる焚書が位置づけられるのである。これには西尾幹二氏が精力的な研究を続けていて、『GHQ焚書図書』（徳間書店）というシリーズがすでに七巻まで刊行されている。二十世紀最大の歴史学者の一人であるアーノルド・トゥインビーは「その国が歴史と言葉を失うときに、その国は滅びる」と言っているが、まさに歴史を取り戻す意味はそこにある。

ここで重要なことは、歴史を取り戻す作業に着手すると、歴史修正主義――リビジョニズムという批判を、アメリカやイギリス、また韓国、支那の反日勢力が言い出すことである。それ自体が非常に古臭い批判であって、とくに欧米の牽制に対しては、逆に日本からそういう新しい理念を示すことによって、歴史観の新しい可能性を示していかなければならないであろう。それを成し得たとき、初めて歴史を取り戻すという作業が終わるのである。

ただし、歴史観が国や人種、民族によって違うのは当然である。歴史観は違ってもいいが、日中共同歴史研究とか日韓共同歴史研究など、外務省主導の、あるいは文科省がそれに加わって行ってきた他民族との歴史共同研究などというのは、ほとんど偽善的で意味がない。必要なのは、異なった歴史観をどこまでお互いに許容できるかである。歴史事実を前に置いてその許容範囲をテーマに話し合うなら、他国や文化間の歴史論争は成り立つ可能性があるが、そうでなければまったく意味がないことを付け加えておく。

戦後体制からの脱却

高まる憲法破棄論

「日本を取り戻す」ために、では具体的に何をやるかだが、まずは憲法をしっかりつくるということになるだろう。現在のような占領憲法のままで、まさに条約憲法とでも呼ぶべき、サンフランシスコ講和条約と一緒に存在するような憲法を少しでも時代に合わせるような形に変えていかない限りは一歩も前へ進めない。

以前から「憲法破棄論」という意見が根強くあり、最近、ようやくまともに取り上げられるようになった。ひと昔前なら、「憲法を破棄せよ」と言うだけでも、極右と右傾化の典型として捉えられたであろう。しかし、そうでなくなってきているということが、まさに時代の変わり目にきている証左である。なぜなら、左派、あるいは反日勢力にとっても憲法破棄論は有効だからである。「憲法破棄論」がきちんと論じられる時代になった今、その有効性を含めて、しっかり憲法改正に取り組んでいく必要があるだろう。

その法的根拠としては、大日本帝国憲法が現存しているという説があり、昭和二十二年の発布自体が、占領下で行われた違法なものだという考え方がある。一応いまの憲法は、大日本帝国憲法の改正条項に基づいて改正されたわけだが、少なくとも戦後の憲法学者が唱えていた八月十五日革命説のような説は、明らかに間違いである。前にも述べたように歴史は継続しているのだから、その正当性というか、レジテマシーをどうやって認識していくかということが、自分たちの足場、立脚点を確認することになり、それがなければ座標軸も描けない。安倍首相が描いた「アジアの民主主義安全保障ダイアモンド」構想にしても、少なくともそういう問題意識があるから描けたものなのである。

民主党の憲法草案

民主党政権は戦後レジーム＝戦後体制を象徴する、そして戦後体制の完成型であり、日本国憲法の前文の精神を具現化したものである。では、そういった民主党が持っていた憲法草案はどういうものだったか？　すでに政権が終わって、「回復可能か？」とまでいわれている政党の憲法草案をいま取り上げることに、果たして意味があるのかという読者の疑問もあるかもしれない。しかし、平成二十一年の総選挙で国民が政権を与え、しかも鳩山内閣発足時に七〇％台の高い支持率を与えていたのは、紛れもなくわれわれ日本人なのである。それを作り上げた責任は国民にもあるわけだから、また同じ失敗を繰り返す危険性を除去するためにも、やはり見ておく必要があるだろう。

では、その民主党の憲法草案とは、何だったのか？　民主党があまり公にしない、むしろ隠すようにしていた憲法草案がある。

二〇〇四年に民主党憲法調査会が発表した『憲法提言中間報告』（http://www.dpj.or.jp/news/files/BOX_SG0058.pdf）である。そこには国家主権の移譲や主権の共有へという文言が平然と織り込まれているのである。その驚くべき中身を紹介しよう。

《第4に、世界において人間一人ひとりの力が急速に上昇し、情報化技術によって地球規模のネットワークを生み出して、言わば人と人を横に結ぶ「連帯革命」が生まれている。それは、各種国際会議へのＮＰＯの参加となって表面化し、あるいは世界的傾向としての

「分権革命」の運動となっている。

そして、これらの紛争形態の変化、大きな価値転換や構造変動に伴って、これまで絶対的な存在と見られてきた国家主権や国民概念も着実に変容し始めている。EUでは、「国家主権の移譲」や「主権の共有」が歴史を動かしている。

国際人権法体系の整備は、一国の中の人権問題もそれを国際的な「法の支配」の下に置きつつある。国境の壁がいよいよ低くなり、外国人であっても「地球市民」としてその基本的権利を保護する義務を政府は果たさなければならない。私たちはいま、こうした文明史的な転換に対応するスケールの大きな憲法論議を推し進めていくことが求められているのである》

普通、保守と革新というと、保守はまず守るべきものがあってそれを守っていこうという考え方であり、革新はどんどん社会を変えていった方が幸せだという考えである。そういう考え方の対立が保守思想対左翼思想の対立になるのだが、ところが、戦後の日本というのは、革新と呼ばれていた人たちが戦後体制の、旧体制の保守派であるという、冗談のような構図が見えてくる。そして、保守派や右派と呼ばれている人たちが、実は改革派で革新であるという、奇妙な捻じれが生まれている。なぜなら、最初の時点で座標軸が定まっていないからで、要するに、守旧派が革新で、いままでメディアが革新派と呼んでいた人たちが守旧派になっていたからなのである。

ただ鳩山由紀夫氏は、自著『新憲法試案』（ＰＨＰ研究所）で、「天皇を元首として定める」と書いていた。いま、韓国や支那が、自民党の改憲案に対して、また右傾化と騒いでいるが、傑作なのが、「天皇を元首として定める」という一文が右傾化だという指摘である。最近も五月になってまた、中国共産党がそう言っているが、実質的にいまも天皇が元首であるのは変わりなく、それをただ条文化するだけのものに過ぎない。

天皇は日本の元首である。なぜならば憲法に記されているように、総理大臣はじめ内閣を任命するのは天皇であり、国会を召集するのも天皇であり、日本に着任する大使がまず最初に着任を報告に行くのは皇居であって、駐日本大使任官の承認を拝受、受け取りにいくのである。自動車で拝謁に参じるか馬車にするかを着任大使に選ばせ、馬車を選んだ大使は明治生命本館ビルの出発地から乗って皇居に参内するのである。それを見るだけでも、天皇は元首であり、日本は立憲君主制なのである。

ところが、教科書で立憲君主制と書くと、文科省から検閲が入る異常な事態になっている。それだけ文科省は占領体制にこだわっている。いやこだわっているというより、からめ取られているといった方がいいのかも知れない。

六〇年体制からの脱皮

戦後体制をつきつめていけば、そのひな形は六〇年体制にあるということになるだろう。つまり、戦後体制からの脱却を謳うのであれば、六〇年体制を克服しなければならないということになる。それをいままで阻んできたのが、「歴史教科書書き換え誤報事件」から始まった歴史問題で、それを攻撃して体制を変えさせないという方法が、かれこれ三十年もとられてきた。それはつまり、一九八〇年代の中曽根内閣のときから続いている問題なのである。

そこでいま、なぜ新しい時代の波が起きているかといえば、冷戦が崩壊した後にアメリカ一極主義になり、それも二〇〇一年の同時多発テロによって崩れていき——現実問題として、日本が自らの足で荒海の中に立たなければ、立ち行かなくなってしまったのである。

さらにもうひとつの側面として、2002年の日韓ワールドカップによって、アジアの中の日本というテーマを「脱戦後レジーム」から読み解く人が飛躍的に増えてきたことが挙げられる。あのワールドカップの韓国の姿を見ることによって、自虐史観を前提としないでリアルな韓国という存在を見て、多くの人々が「おかしい」と気づき、それを取り巻くメディアが韓国の負の側面をまったく報道しない、韓国を応援しようとしか報道しなかったメディアに対して批判が高まった。それとこの年に同時に小泉首相の北朝鮮訪問で明かされた拉致問題が合わさり、多くの人々を覚醒させる大きな契機となった。

戦後レジームのもう一つの特徴は、日本がどれだけ侵略されているかを隠す、隠蔽する体制にあった。初めて北朝鮮が拉致を認めたのは二〇〇二年でそれが突破口になった。なぜなら、じつは、その十四年前の一九八八年（昭和六十三年）に、小泉訪朝の十五年前であるが、参議院の法務委員会で梶山静六国家公安委員長が、「（新潟の）アベック失踪事件は北朝鮮の拉致の疑いが濃厚」と答弁しているからだ。

国家が公式に北朝鮮の拉致の疑いが濃厚だと、拉致被害者の存在を認めたにもかかわらず、その人たちを奪還することに一歩も動けなかったのが日本という国なのである。それはもう侵略を是認しているということで、すでに自衛隊も警察も知っていたのである。政府の上層部は知っていたけれど隠していた。これが戦後体制の、戦後レジームの本質であるわけで、その最後っ屁が民主党政権だったのである。

その戦後レジームが個別的自衛権すら行使できない、憲法九条というものが拉致の温床になっていたというのは前述したとおりだが、日本が戦後六十年以上、戦争に参加しなかったというのは、平和憲法があるからでは決してなく、国民が平和を愛したわけでもなくて、日米安保条約でアメリカが何もしなくていいと言っていたからだ。つまり、事実上、アメリカの保護国だったから享受できた平和であって、その範囲を逸脱する問題には日本は徹底してまったくの無力だった。そういう状況には、もういい加減日本はいられないんだという認識が、安倍首相の戦略と全部重なってくるのである。

く。

転換しつつある日本

今年二月、ホワイトハウスにおけるオバマ大統領との日米首脳会談で、おそらくＴＰＰ以外にもさまざまな事案が話し合われただろうことは、会談後の記者会見からも察しがつく。

〝Japan is back（日本が帰ってきた）〟の一声で始まったＣＳＩＳ（米戦略国際問題研究所）での演説で、安倍総理は、

「アジア太平洋地域、インド太平洋地域はますます豊かになりつつあります。そこにおける日本は、ルールのプロモーターとして主動的な地位にあらねばなりません。ここで言いますルールとは、貿易、投資、知的財産権、労働や環境を律するルールのことです」

と、自身の「アジアの安全保障ダイアモンド構想」について、改めて力強く訴えかけた。

だが、注目すべきはその後、スピーチ後の米記者との質疑応答で飛び出した一言である。尖閣問題について問われた安倍総理は、こう述べた。

「日本はアメリカに望むのではない。自分たちでやるべきことはやります」

アメリカに頼らないということは、もう核の傘も当てにしない、つまり、日本は核武装まで考えていることへの示唆とも論理的に繋がり、推測できるのである。実際、安倍総理は帰国後の数カ月で、推測を裏づけるような発言を矢継ぎ早にしている。三月九日に出演したBS朝日「クロスファイア」では、田原総一郎との討論で集団安保について、

「集団安全保障に参加するには九条改正が必要」

と、核への言及さえなかったが、明確にこう述べている。集団安全保障も視野に入れるということは、要するに、サミットに出てくる西側先進国と同じキープレーヤーの地位を占めるということである。

安倍総理の発言に、日本に対する周囲の反応も変わってきている。米誌「アトランティック」は、オハイオ州ヤングスタウン州立大スラチッチ教授の「オバマのアジア戦略転換に日本の転換が重なった」という見出しのコラムを掲載している。

「尖閣問題の浮上によって、日米同盟が急速に結びついた。それをやったのが安倍晋三で、この日米首脳会談の成功は日米関係に注目していた人間には驚きであった」

これと同じ論調は、昨年暮れ辺りからウォールストリートジャーナルでも書かれており、こうした見方がいよいよアメリカにも広がりつつある。

ただ一国、韓国だけが「日本の教科書が右傾化している」（産経新聞）と、朴槿恵大統領が相変わらず的外れな主張を繰り返している。国際感覚の欠如か、それともバランス感覚が悪いのか。もはや我々には理解不能だ。

強まる日本核武装論

ＣＳＩＳでの「日本はアメリカに望むのではない」発言の真意はともかく、安倍首相自身は公式会見で一度も核武装について言及したことはない。おそらくいま訊いたところで、「核のことはまったく考えていない」と答えるだろう。スムーズな政権運営のため、極力よけいなノイズが発生しないようにしているからだ。

しかし、北朝鮮の核武装が本格化した今、国際政治の舞台では日本の核武装が現実味を帯びている。今年三月、米国上院で「日本の核武装」が主要な論題として、ついに議論にのぼったのである。

報じた産経新聞によると、舞台は上院外交委員会が開いた「米国の対北朝鮮対策」と題する公聴会で、民主、共和両党の議員計20人が加わった。その中で、「日本の核武装というシナリオを中国に提出すれば、中国は北朝鮮の核武装を真剣になって止めるだろう」という意見が出ている。これは当たり前のことで、私はもう前から他の本で書いているが、六者協議というのは北朝鮮の核を除去する名目ではあるが、実際はそうではなく、むしろ日本の核武装を防ぐための会合ではないかと思われる。なぜなら、ロシア、フランス、米、支那が入り、連合国（国連）の常任理事国が揃って参加している。しかも、北朝鮮の核問題を議題にしているにもかかわらず、この六年間で、核開発がどんどん進化し、核は小型化して遂に核を搭載できるＩＣＢＭまで作ってしまった。いったい何のための六者協議だったのか、日本人は真剣に振り返らないといけない。

話を戻すと、この上院委員会で、民主党のクリストファー・マーフィー議員が言っていることが非常に示唆的で、以下はオバマ政権国務省のグリン・デービース北朝鮮担当特別代表と、ロバート・ジョセフ元国務次官とのやりとりである。

《マーフィー「北朝鮮の核武装が公然の現実となると、東アジア地域の力の均衡は劇的に変わるでしょう。10年、あるいは5年後には、日本を含め4カ国、または5カ国もの核兵器保有国が出てくるかもしれない。中国はそんな展望をどう見るでしょうか?」
デービース「中国は日本と韓国での一部での核についての議論には、細かな注意を払っています。私は日本でも韓国でも核開発を支持するコンセンサスはまったくないと思います。しかし、中国は気にしています」
マーフィー「日本が現在の政策を変えて、米国の核の傘から離脱して、独自の核武装能力を開発する可能性はあると思いますか?」
ジョセフ「はい。私はあると思います。それは、もし米国が北朝鮮の核の扱いに失敗し、同盟国への核抑止の制約の明確な宣言を履行せず、ミサイル防衛もじゅうぶんに構築しないというふうになれば、日本は長年の核アレルギーを乗り越えて、独自の核による防衛策をとるだろうということです」》

このようなテーマが、客観的にもう論じられているのである。

では、翻って当事者である日本人はどうかといえば、最近の情報では、ケータイの乗り換えサイト「ジョルダン」のアンケートで、「日本の核武装について」意見を募ったところ、なんと7割の人が「日本は核武装について考えるべきだ」と答えている現実が、もうすでにあるのである。メディアが取り扱っていないだけで、実は日本人の意識も変化してきている。

これは右傾化という話ではなくて、ごくごく普通の対応であろう。そういうことを公の場所で議論に乗せていくことが、この章のテーマである「戦後体制からの脱却」にも繋がり、また、世論が盛り上がることで、北朝鮮は核開発を躊躇するかもしれないし、あるいは拉致被害者を帰す方向に動くかもしれない。日本は非核三原則を撤廃すると、ただ一言いうだけでいい。日本国憲法を停止するというのと同じで、法的拘束力は何もなくていい。ついでに集団的自衛権も行使する。その三つはなんの法律も関係なく、ただ首相がひと言そう決断すれば、済んでしまう話だ。そこから、戦後体制からの脱却が始まるのである。

世界をリードし、貢献する日本

クールジャパンは、日本の新しい武器

世界をリードし、貢献する日本は可能なのだろうか？　いま、クールジャパンという言葉が世界的に流行っている。日本政府も安倍政権の経済政策の一環として、内閣官房に首相直轄の機関として「クールジャパン推進会議」を設置した。「クールジャパン推進協議会」の目的は、《日本の文化・伝統の強みを産業化し、それを国際展開するための官民連携による推進方策及び発信力の強化について検討するため、クールジャパン推進会議を開催します》と謳われている。

アベノミクスの第三の矢である成長戦略を担う大きな柱の一つとして期待されていて知的財産戦略本部とも連携する。それは、日本の知的財産である様々なコンテンツの著作権を世界にセールスしていこうという明確な目的を持ったことに象徴されている。つまり、日本文化を積極的に産業政策として位置づけようという試みであって、これまで日本が無

意識に行っていたものを〈意図的に〉推進して行く役割を持つ。

確かに、このような分野はわが国のアキレス腱となっていたもので、これまでは個々の作家、アーティスト、音楽家などがそれぞれの能力に応じて自然発生的に世界に日本のコンテンツを発信していた。そこに政府が積極的に関与することにより、いわば骨格を持った組織が個々の作家、芸術家などを支援するということである。

日本の文化行政が、欧米諸国と比べて決定的に劣っているのは、文化の価値が社会的に認知されていない部分に原因がある。別の言い方をすれば、文化価値が官僚組織に低く見積もられているということだ。たとえば、文化大国と言われるフランスの場合は、文化省、スポーツ省という行政組織がしっかり官庁として文化、スポーツをそれぞれ管轄している。日本の場合は、それらは文部科学省の文化庁が担っているが、スポーツは文化でなく教育の一環として見做されていて、文部科学省の管轄となっている。

フランスが映画を国策として保護、育成しているのは有名で、外国映画の国内で上映できる数も厳しく制限されている。米国の映画の場合は国や役所という以上に、民間の関連産業が莫大な資金で映画の育成、保護に当たっている。スチーブン・スピルバーグ監督は若くして才能を認められた監督だが、スピルバーグは無名時代にワーナー・ブラザースから奨学金を得てカリフォルニア大学の映画学科に通うことができた。そのようなシステムができあがっている。ところが日本ではそのような〈文化強靭化システム〉が虚弱であり、本当に世界的に評価された幸運な例でないと、世界規模で通用するコンテンツを育成することが難しい。

今年三月にスタジオジブリの代表作「もののけ姫」が英国で劇団「ホール・ホグ・シアター」によって舞台化されることが発表され、四月には来日記念公演が行われた。舞台の題名は「Ｐｒｉｎｃｅｓｓ　ＭＯＮＯＮＯＫＥ」で同シアター創設者、アレクサンドラ・ルターーさんが宮崎アニメの映像美に感動し、宮崎駿監督に直々に舞台化の許諾を求めたところ宮崎監督はテスト映像を見て自分のアニメがこのように舞台化されるなら満足と、ただちに劇場化の許諾を即決した。スタジオジブリの鈴木敏夫プロデューサーは「ダンスが素晴らしい。百パーセント信頼して全部任せます」とコメントを寄せていた。このような幸せな例も、クールジャパン推進会議が機能すれば、もっと大きく拡がって行くだろう。

クールジャパンは近代合理主義を乗り越える

そういう意味で、クールジャパン推進会議には大きな期待が寄せられるが、問題がないわけではない。よく聞かれる批判は、個々の作家、音楽家、芸術家の創作行為に国家が関与することで、それぞれの作家のクリエイティビティを拘束しないかという危惧である。だが、この問題は大したことではない。これまでの日本の文化行政があまりに貧困だったので、個々のアーティストのクリエイティビティが国策作品になってしまうというのは、あまりにも古臭いサヨクじみた批判として一笑に付さなければならない。フランスの例を見ればいい。個々のクリエイティビティを国が国策として支援してくれるという話に過ぎないのではないだろうか。

しかし、大きな問題は別のところにある。クールジャパンという概念がものすごく世界で広まっているのは、本来、日本が自然な形でいろいろ物を作ったり発信してきたものが、世界中で人気が出て受け入れられているということであり、それがクールジャパンと呼ばれているものすべての基本になっている。その原則を忘れてはいけない。つまり、クールジャパンとは、非常に分野が広汎なもので、「もののけ姫」の例は前述したが、よく取り沙汰されるアニメや漫画だけではないということである。

欧米人のみならず「クール」、つまり「カッコいい」という褒め言葉で表わされるものは、広く多分野にわたっていて、例えば日本独自の自動販売機であったり、リニアモーターカーであったり、あるいは、コンビニエンスストアの品揃えだったり、いまの日本の文化も含めた現代文明そのもの、それらの総体がクールジャパンであると捉えたほうがいい。つまり、工業製品や社会システム、インフラまでもがクールジャパンと呼ばれる対象になっているのである。また、文化にしても、同時代文化のアニメ、漫画、J-POPだけでなく、クールジャパンの源流である江戸時代の浮世絵や歌舞伎の様々なデザイン要素、戦国時代の武士の戦い方から、能、茶の湯、生け花を経てさらに遡り、平安時代の和歌から、古代の万葉集までと、それこそ日本文化のすべて、日本文化史そのものがクールジャパンというカテゴリーに入って来るのである。

ヨーロッパの近代合理主義でずっと突き進んできた世の中が、色々なところで綻びが見えてきた現代で、経済的にもヨーロッパや米国が非常に深刻な危機に立ち至っている。EUの将来は不透明のままで、米国も空前の財政危機に陥り、色々な場所で限界がきているときに、まったく違った切り口から、突如この世に出現したのが、同時代文化としてのクールジャパンなのである。だからこそ、それが「クール」と呼ばれる理由でもある。

先日、今年になって世界ツアーをしているモデルで歌手の「きゃりーぱみゅぱみゅ」の歌の振り付けを、マンハッタンのブロードウェイのど真ん中で、大勢の米国人の若者が「きゃりー」の歌を街頭に流しながら集団で踊っている光景を「YouTube」で見たときの衝撃は忘れられない。しかも、そんな光景も「きゃりー」の音楽で世界中の若者が踊るのが初めてではない。すでに四、五年前から人気アニメ「涼宮ハルヒの憂鬱」のテーマ曲に合わせて踊る女の子たちは、世界中に出現していたのである。

もともとクールという言葉は、そういう意味で使われていた。米国で最初に流行ったのは、第二次世界大戦後の新しい文化の潮流の中で、例えば一九五〇年代にジャズでマイルス・デイビスの「クールの誕生」というアルバムが衝撃を与え、ウェストコーストの白人を中心とするジャズも「クールジャズ」と呼ばれていた。そのように従来と変わった位相から出てきた新しい斬新なコンセプトが「かっこいい」ということでクールと呼ばれていた。

もし印象派の画家たちが活躍していた二十世紀初頭に「クール」という言葉があったなら、おそらく浮世絵は「クール」と呼ばれていたはずである。日本が生み出す、そういった文化的なものを含めたすべてのコンテンツがクールなのである。クールという言い方が定着する以前の時代から、じつは一九五〇年代のマイルス・デイビスの「クールの誕生」をいま日本が全世界に発信している最中と言ってもいい。

源流をたどれば、前述したように、江戸時代に西洋文明が日本文明と本格的に交流を始めた時期に、すでに「クール」の発見があったわけなのである。つまり、現在、日本発のコンテンツがそのような言葉で呼ばれるのは当然だろうし、ある意味、近代合理主義的なヨーロッパの考え方と全く違う地点から誕生している文化コンテンツだということなのかも知れない。

また一方、それとは逆に、非常に進んだテクノロジーを極めたものも欧米人からクールと呼ばれている。非常に面白いのは、「YouTube」に日本を訪れた外国人が撮った何気ない日本の日常を映した動画とか、あるいは特別な仕事で来日した人が撮ったリニアモーターカーの試験走行路線の動画が掲出されているのだが、多くの外国人がそれらの動画にコメントを書き込んでいて、そこにも「クール」という言葉が数多く書かれている。

リニアモーターカーや街の光景や、あるいは我々にとってなんの変哲もない首都高の夜景や、あるいはスーパーやコンビニの陳列だったり、駐車場でクルマを後部から入れる駐車スタイルなどが恐ろしく外国人にはクールに感じられるらしく、そのような書き込みが多く見つけられるのである。また、ゆりかもめとお台場の光景も想像以上に彼らに衝撃を与えていることも良く分かる。さらに、本田技研のアシモに代表されるような新しいロボットまでクールと称されているのである。

それらの事例から見えてくるのは、単に産業政策で日本独自のコンテンツや工業製品の輸出を増やすということではなくて、そういった、今まで欧米人が知り得なかった新しい概念、あるいは日本的な感性を、広く世界で共有化してもらうことによって、日本の世界への文化的な貢献が「クールジャパン」を通して私たちの想像以上にできることなのである。

またもう一つ重要なのは、実用的な部分でもリニアモーターカーや新幹線というものが実利的なツールとして、実際に新しい魅力ある輸出の武器になるという発見である。それは経済的にも日本の産業界にとっても極めて有益なことだ。したがって、もし東日本大震災が起きていなければ、新しい世界で最も安全な原発もクールの代表になったかも知れない。原発に関して言えば、震源地に最も近かった女川原発が無傷に近かったことで、今でもその可能性が完全になくなったわけではなく、そのような先端技術の研究は進めていくべきなのである。

日本人の特殊性――「八紘一宇」と「世界市民」

そのようなコンテンツ産業やプロダクト（工業製品）とは別に、日本の特殊性というものがいろいろな諸問題を解決していく新しい尺度と価値観になる可能性がある。そういうことに気づく西洋人たちもいるはずである。例えば、戦前はよく言われていたのだが、日本の文化を形成してきたアイデンティティーの中心になっていたものが「皇室の存在」であり、今年はたまたま伊勢神宮と出雲大社の式年遷宮が重なる稀少な年であるが、そういった神道という宗教以上に日本人の生活様式の下地となった精神世界もクールジャパンなのである。

また、神道の儀式そのものや一神教とは全く異なる神道という宗教の形態も、ヨーロッパの物質文明とは違うものを提示しているはずである。伊勢神宮の場合、二十年ごとに社殿や装飾など全部を造り替えるという式年遷宮が、千三百年前からの社をずうっと継承してきたことになるわけで、クールそのものではないか。まさに、連綿と古代から継承され、続いている伊勢神宮の式年遷宮こそ、クールジャパンの真髄なのである。

また、大東亜戦争でスローガンだった「八紘一宇」という言葉は「世界は家族」という意味であり、いわゆる左翼的なグローバリズム的な「世界市民」とは全く違う地点から、民族や国々のそれぞれのアイデンティティーと独自性を認めた上で「世界家族」という新しい概念を提示していた。また、満洲建国のときには「五族協和」という言葉もあり、人間論的に対立するのではなく、とにかく包み込んで融和していこうという、それこそ十七条の憲法の「和を以て貴しと為す」という精神が貫かれていた。敗戦によって連合国軍総司令部（ＧＨＱ）によって使用を禁止された、忘れ去られた言葉にも、非常に日本的なメンタリティがあったのである。

日本人の基本的な優しさが大東亜戦争のスローガンとして掲げられていたことに驚くが、それが日本の弱さに通じた部分もあり、逆にいま、そのような日本人のメンタリティを強みにしなければいけないだろうし、何千年も戦争を繰り返しているという人類にとって何か新しいヒントになるのかも知れない。

日本民族はもともと吹きだまりの場所である日本列島で形成されて来た。しかも島国であり、長い歴史上で乱世と呼べる戦争の時期がいくつかあったが、その時期は非常に壮絶だった。戦国時代も驚くことに百年も継続していたのである。応仁の乱も十年以上の長きにわたった。ただ、他の民族と比べればそれでも戦争は少ないし、日本人は基本的に好戦的な民族性ではない。残虐性もなく、奴隷制度もなかった。そういう特質はもっともっと他の国が学ぶべき点なのである。

台湾統治に世界は目を見張った

一例を挙げれば、一九一五年のパリ講和会議のときに、第一次大戦後のちょうど国際連盟が誕生したときだが、そのときに日本は五大国の一国として、二十世紀の初頭に第一次大戦を経験したヨーロッパ、すなわち帝国主義の先進国の白人国家たちが「もうこんな戦争は止めよう」ということで国際連盟が結成されたのだが、そのときに日本が人種差別撤廃条約を提出していることをわすれてはならない。

ところが、それを米国のウィルソン大統領が即座に否定して、結局、否決されてしまう。それで国際連盟の条項にも人種差別撤廃という文言は入らなかったし、おまけにアメリカが国際連盟に参加しないという、非常に奇妙な欧米のエゴイズムだけがぶつかる局面になったのだ。つまり、大国同士のエゴイズムのぶつかり合いの中でしか国際関係というのは動いてこなかったし、それがリアルポリティクスの世界であり、いわゆるバランス・オブ・パワー、武力の均衡というものがもたらすのが世界の秩序であることを日本人は思い知らされた。ただ、そういう中で、自分のことだけ考えるのではない日本人の性格は、じつは戦前も戦後も変わっていないことに、いま私たちは改めて着目すべきなのである。

例えば、一九八五年の日清戦争後の下関講和条約の締結のときに、「もうどうでもいいから持っていけ」というようなニュアンスで台湾が日本に割譲された。だが、日本人は、清にとってはまったく意味がなく、むしろ毛嫌いされて「化外の地」と呼ばれていた台湾において、驚くべきスピードでインフラを整えつつ、学校教育も普及させ、日本の統治で近代化に務めたのである。

そんな日本の台湾統治の実績を、一九〇一年、二十世紀に入ったばかりの頃、NYタイムズが驚きの目をもって報道した記事がある。もともとはイギリスのロンドン・タイムズが書いた大きな特集記事をNYタイムズが転載したもので、「台湾の統治を日本が奇跡的に成功させた」と書かれていたのである。清国人からも「化外の地」といって毛嫌いされていた未開の地を瞬く間に文明化したことが記されていた。

清が統治する前に台湾はオランダのものだった時期があるが、オランダにはとても日本のようなことはできなかったのである。事実、オランダはインドネシアを数百年にわたり植民地にしていたのだが、インドネシアにおいては苛酷な搾取と収奪しか行っていなかった。そんな歴史事実も日本人は改めて学んで、自分たちの能力を深く歴史から知る必要があるのだ。日本人が大日本帝国の時代に行ったことは、日清戦争のような戦争の後、戦勝国として領土を割譲された場合でも、そこを搾取の対象として考えなかったゆえなのである。

最初の台湾総督だったのが日露戦争の英雄だった明石元二郎であり、さらに後藤新平など、日本で一級の政治家や軍人が台湾統治の舵取りを任されていたことからも日本のそのような姿勢が窺われる。現地の人間にいかに文化的にも豊かになってもらうか、より文明的な生活をしてもらうか、ということを第一義的に考えて、インフラ設置から統治が始まったのである。電気や水道を引いて、鉄道を走らせて道を作る。それが日本にとって、搾取の対象ではないということが重要だった。

したがって学校教育もきちんと行うなど、ヨーロッパの植民地支配では全く考えられないことを日本は行っていた。英国のインド支配などは、英語は教えはしたが、それは搾取する対象を奴隷として使うための最低限の教育でしかなかったのだ。国立大学まで設置する日本の統治は、当時の欧米の帝国主義諸国とはまったく異なっていたことを忘れてはならないし、そんな歴史の中から日本の世界への貢献の道も見えてくるのではないだろうか。

利他的な日本

台湾の統治が成功してしばらく後、日露戦争のあとに朝鮮半島がどうしようもない状態になり、日本に重荷としてのしかかってきたのだ。李朝末期の朝鮮半島は宗主国である清とロシアと日本の間を右往左往するのだが、結局、改革開明派が日本に併合を求めてきたのである。それで保護国として国際条約に基づいて大韓帝国を併合する日韓併合を行ったが、その後もまったく台湾と同じように日本は対処した。

資本を投下してインフラの整備を行い、その結果、衛生環境が向上し、朝鮮半島の人口が三倍に増えた。また、朝鮮人が作ったものの全く貴族階級から忌避され忘れ去られていたハングル文字を普及させ、学校教育を行ったのである。

ハングル文字は、両班と呼ばれる貴族階級が支那の冊封体制に安住していたので全く使用されていなかったのだが、日本語と同じように漢字かな交じりを提案した福沢諭吉の卓見で、ハングル文字を普及させたことが朝鮮半島の急速な教育の普及の元となったのである。その結果、識字率が飛躍的に高まり、朝鮮人も近代化に邁進することが可能になったのである。

日本がそのようなことをやってきたので、現在はフィリピン、ベトナム、インドネシアは憲法九条改正や集団的自衛権の行使を積極的に日本に求めるようになってきたのである。それは支那の拡張への恐怖があるからなのだが、それだけではないだろう。戦前の日本の行為を客観的に捉えられる視点があるからこそ、激変する国際関係の中で平和と安定を求めて日本としっかりパートナーシップを結ぼうとしているのである。

フィリピンの外務大臣が「日本は早く憲法を変えてくれ」と言ってくる理由もそこにある。ベトナムはベトナムで、ヒラリー・クリントン前国務長官が海軍の軍事演習をやめさせようとしたとき、アメリカを無視して平気で支那の艦船が航行する手前で軍事演習を実行したのである。

そのような国々にしてみれば、まさに「利他的」な日本の登場を望んでいるのである。

利他的な日本とは、自立した独立国家としての日本でもある。

特定アジアとは、アジア数十カ国の中でも、特に異常な反日意識を行動原理にする特殊なアジアの国を指す。言うまでもなく、それは支那、韓国、北朝鮮の三カ国である。特定アジア以外のアジア諸国は基本的に日本と正常な関係を築いている。よく引用されるＢＢＣ（英国放送協会）の世界的な世論調査があるが、世界の中でも日本はいつも外国から好ましいイメージを持たれている。二〇一一年は世界一であったし、二〇一二年も世界四位だった。ところが日本への好感度が世界で異常に低いのが支那と韓国で、その数値は突出している。

これまで述べてきたように、そんな特定アジアと米国の一部が結びつき、日本の自立を攻撃するのが〈トクアノミクス〉というシステムである。日本は自立することによって、いま以上に世界に貢献する〈利他的な日本〉として、二十一世紀の国際社会の未来に明るい指針を示すことが可能になる。それは、〈トクアノミクス〉に武力で打ち勝つことでなくても可能なのかもしれない。日本のソフトパワーが、日本を弱体化させるシステムを爆砕すればいい。

しかし、それを可能にする最低条件が日本の自立であるのなら、強固な軍事力とそれを支える国民のバックアップがなければならない。なぜなら、クールジャパンに象徴される日本のソフトパワーは、ハードパワーの裏づけがあって初めて〈パワー〉足り得るからだ。ハーバード大学のジョセフ・ナイ教授が〈ソフトパワー〉という概念を提唱できたのも、米国のハードパワーがあるから可能だったのである。

チベットの悲劇は、まさにチベット仏教という世界に比類ないソフトパワーを以てしても、あるいは、ダライ・ラマ十四世が象徴する強大なソフトパワーがあっても、防ぐことはできなかった。一九四九年からの中国共産党の圧力と、一九五九年からの武力侵略によって、これまでに二〇〇万人のチベット人が虐殺されたと言われている。

六月十日から米国カリフォルニアで米国、日本、カナダ、ニュージーランドが参加する多国籍軍事演習、「夜明けの電撃作戦」が六月二十八日まで行われた。じつは、この軍事演習の白眉は、日米両軍による離島奪還作戦だった。自衛隊からは千名にも及ぶ兵力が参加したが、米国や世界の軍事関係者たちが注目したのは、この演習に参加した自衛隊はハワイ真珠湾から、陸自の離島奪還作戦の特殊部隊を海自艦船で輸送したことだった。なぜなら、戦後の日本で初めて陸軍と海軍が共同で運用に当たったった大規模な軍事演習だったからである。

驚いたことに、これまで陸上自衛隊員を海上自衛隊の艦船で輸送したことがなかったのだ。そういう意味でも「画期的」で「歴史的な」軍事演習であると米国メディアは大きく取り上げていた。しかし、日本のメディアはどうだろうか？　そのような運用面でも戦後初めての試みであったばかりか軍事演習そのものもメディアで大きく取り上げられることはなかった。しかも、米国メディアが報道するときは、日本メディアが絶対に使用しない言葉をごく自然に使っている。

日米両軍の兵士が映った写真には《Japanese Army と Navy が共同で作戦に当たった》と記されている。つまり、《日本陸軍と日本海軍》と書かれている。参加した自衛艦あたごには《攻撃駆逐艦》、ひゅうがには《ヘリコプター空母》というキャプションが添えられている。日本メディアが報じるときは、「駆逐艦」という言葉も「空母」という言葉も使用されず、「あたご」は「イージス護衛艦」で、「ひゅうが」も「護衛艦」なのである。

憲法九条で日本は軍事力を保持しないし、交戦権も持たないことなっているので、軍隊も軍人もおらず、軍艦もないことになっている。そこで「護衛艦」なる奇妙な言葉ができあがった。歩兵は普通科と言い直され、今回の「夜明けの電撃作戦」に参加した特殊部隊が所属するのは西部方面普通科連隊で、西部方面歩兵連隊とは呼ばれていない。また、最精鋭の部隊と言われる「特殊作戦群」は特殊作戦〈軍〉ではない。

つまり、わが国の特殊な滑稽な状態を、すでに現実が超越しているということなのである。日本以外の国から見れば、海上自衛隊が日本海軍で、陸上自衛隊や航空自衛隊は、それぞれ日本陸軍と日本空軍なのである。これだけ、現実を捻じ曲げてリアルな世界に対応できず、国際社会で理解を得ることが不可能な、まるで日本独特の新興宗教のような、憲法九条を一秒でも早くゴミ箱に捨てようではないか。

そろそろ日本人は、正気に戻らなければいけない時期に来ている。そもそも、安倍内閣が平成二十四年（二〇一二）に誕生したこと自体が奇跡だったことを、私たちは思い起こす必要がある。民主党政権時代の暗い、行き場のない未来を喪失した時代から、奇跡的に日本は甦りつつあることを、日本人は現在の僥倖として噛みしめなければいけない。

自民党総裁選で安倍晋三氏が勝利したときからこの奇跡は始まった。それは、〈アベノミクス〉が〈トクアノミクス〉に勝つまでの、長い日本と日本人の闘いの始まりに過ぎなかったのである。

【著者紹介】
西村幸祐（にしむら・こうゆう）
1952年東京生まれ。慶應義塾大学文学部哲学科。在学中から、『三田文学』編集担当。『ニュー・ミュージック・マガジン』、音楽ディレクター、コピーライターを経て、Ｆ１、サッカーを中心に執筆活動に。日韓W杯を機に歴史認識問題や拉致問題に関する取材、評論を展開。「撃論ムック」「ジャパニズム」を創刊、編集長を歴任。スカパー「チャンネル桜」キャスター。著書に『幻の黄金時代』『メディア症候群』文芸社文庫『「反日」の構造』『「反日」の正体』他多数。
公式サイト　http://kohyu.jpn.com/
フェイスブック　http://www.facebook.com/kohyu.nishimura
ツイッター　http://twitter.com/kohyu1952

「反日」包囲網がアベノミクスを壊す
トクアノミクスの正体

2013年７月25日 初版第１刷発行

【著者】
西村 幸祐

【取材協力】
大嶽 寿豊

【発行者】
瓜谷 綱延

【発行所】
株式会社文芸社
〒160-0022 東京都新宿区新宿1-10-1
電話　03-5369-3060（編集）
　　　03-5369-2299（販売）

【印刷所】
日経印刷株式会社

ISBN978-4-286-14203-6